CONVERSACIONES CRUCIALES

Kerry Patterson, Joseph Grenny,
Ron McMillan, Al Switzler

Conversaciones Cruciales

*Nuevas claves para gestionar
con éxito situaciones críticas*

EDICIÓN REVISADA Y AMPLIADA

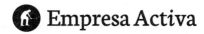 Empresa Activa

Argentina – Chile – Colombia – España
Estados Unidos – México – Perú – Uruguay – Venezuela

Título original: *Crucial Conversations – Tools for Talking when Stakes are High
– Updated Second Edition – New Research – Case Studies – Resources*
Editor original: McGraw-Hill, New York
Traducción: *Martín Rodríguez-Courel*

1.ª edición Abril 2016

Copyright © 2012 *by* Kerry Patterson, Joseph Grenny, Ron McMillan and Al Switzler
All Rights Reserved
© 2016 de la traducción *by* Martín Rodríguez-Courel
© 2016 *by* Ediciones Urano, S.A.U.
Aribau, 142, pral. – 08036 Barcelona
www.empresaactiva.com
www.edicionesurano.com

ISBN: 978-84-92921-37-9
E-ISBN: 978-84-9944-977-7
Depósito legal: B-39-2016

Fotocomposición: Ediciones Urano, S.A.U.
Impreso por Romanyà Valls, S.A. – Verdaguer, 1 – 08786 Capellades (Barcelona)

Impreso en España – *Printed in Spain*

*Dedicamos este libro a Louise, Celia, Bonnie
y Linda, que nos han dado su apoyo constante con su amor
y con una paciencia que roza lo infinito.*

*Y a nuestros hijos
Christine, Rebecca, Taylor, Scott,
Aislinn, Cara, Seth, Samuel, Hyrum, Amber,
Megan, Chase, Hayley, Bryn, Amber, Laura,
Becca, Rachael, Benjamin, Meridith, Lindsey, Kelley, Todd,
que han sido una magnífica fuente de aprendizaje.*

Índice

Prólogo a la segunda edición

A nadie le satisface más que a mí, mientras escribo esto, que este importante libro se acerque a los dos millones de ejemplares publicados. Aprendí mucho de él hace diez años, cuando sus autores me enviaron el manuscrito por primera vez. Llevo años enseñando el Hábito 5: Primero procurar entender. Pero este libro aborda aun con más amplitud y profundidad los principios fundamentales de la comunicación donde hay importantes factores en juego y se ocupa de toda la dinámica de las conversaciones cruciales de una manera extraordinariamente exhaustiva. Pero, lo que es aún más importante, hace que prestemos atención a aquellos momentos determinantes que literalmente modelan nuestras vidas, perfilan nuestras relaciones y configuran nuestro mundo. Y ésa es la razón de que este libro merezca ocupar su lugar como una de las principales contribuciones del liderazgo de opinión de nuestra época.

Por otro lado, me satisface la influencia de este libro porque conozco a sus cuatro autores desde hace muchos años. Personas insignes, fantásticos docentes y formadores magistrales, los cuatro han creado un equipo excepcionalmente sinérgico que ha perdurado durante más de veinte años. Esto dice mucho de su capacidad para mantener ellos mismos conversaciones cruciales. Asimismo, han creado una organización de nivel internacional, VitalSmarts, que se ha convertido en un motor de liderazgo, relaciones y material de cambios personales que ha influido en muchos millones de vidas de todo el mundo. La cultura de su organización es un reflejo excelente de todo lo que enseñan en este libro, así como prueba de la eficacia de estos principios.

Escribo esto deseando de todo corazón que el trabajo de este equipo excelente siga influyendo en el mundo durante muchos años más.

STEPHEN COVEY

Julio de 2011

Prólogo a la primera edición

Estamos ante un libro de grandes innovaciones. Es así como yo lo entendí la primera vez que leí el manuscrito, cuando tanto me impactaron su importancia, su fuerza y el carácter atemporal de su mensaje.

Este libro refleja acertadamente el buen juicio del gran historiador Arnold Toynbee, que decía que podemos resumir bastante bien toda la historia (no sólo la de la sociedad sino también la de las instituciones y personas) con seis palabras: *Nada fracasa tanto como el éxito.* En otras palabras, cuando nos enfrentamos a un desafío en la vida con una respuesta que pueda medírsele, tenemos éxito. Pero cuando el desafío se desplaza a un plano superior, la antigua respuesta, antes válida, ya no funciona sino que fracasa. Es por eso que nada fracasa tanto como el éxito.

Los desafíos en nuestras vidas, en nuestras familias y en nuestras organizaciones han cambiado notablemente. Así como el mundo está cambiando a una velocidad que da miedo y se ha vuelto cada vez más y más profundamente interdependiente con tecnologías prodigiosas y peligrosas, también han aumentado exponencialmente las tensiones y presiones que todos vivimos. Esta atmósfera cargada convierte en un imperativo la necesidad de cuidar nuestras relaciones y elaborar instrumentos y habilidades, así como una mayor capacidad para encontrar nuevas y mejores soluciones a nuestros problemas.

Estas nuevas y mejores soluciones no representarán «mi manera» ni «su manera» sino «nuestra manera». En resumen, las soluciones deben ser sinérgicas, lo cual significa que el todo es superior a la suma de las partes. Esta sinergia se puede manifestar en una decisión más acertada, en una mejor relación, en un proceso más elaborado de toma de decisiones, en un mayor compromiso para llevar a cabo las decisiones adoptadas o en una combinación de dos o más de éstas.

Lo que aprendemos es que las «conversaciones cruciales» transforman a las personas y las relaciones. Son cualquier cosa menos transacciones. Crean un plano completamente diferente de vínculos. Producen lo que el budismo llama «el camino medio», no una solución de acuerdo entre dos opuestos en un eje definido por una línea recta, sino un camino medio superior, como el vértice de un triángulo. Dado que dos o más personas han creado algo nuevo a partir del auténtico diálogo, se crean vínculos, como los que observamos en la familia o en el matrimonio cuando nace un nuevo hijo. Cuando producimos algo verdaderamente creativo con otra persona, estamos ante una de las formas más poderosas de creación de vínculos. De hecho, los vínculos son tan fuertes que sencillamente no podríamos ser desleales en ausencia de nuestro interlocutor, aun cuando existiera una presión social para unirse a las malas lenguas.

El desarrollo secuencial de la materia abordada en este libro es brillante. Nos desplaza desde la comprensión del maravilloso poder del diálogo hasta definir lo que realmente deseamos que suceda, para crear condiciones de seguridad, utilizando la conciencia y el conocimiento de sí mismo. Y, finalmente, nos enseña a alcanzar tal grado de entendimiento mutuo y de sinergia creativa que las personas se encuentran emocionalmente vinculadas a las conclusiones que adoptan y están dispuestas y comprometidas emocionalmente para llevarlas a cabo en la realidad. En pocas palabras, nos desplazamos desde la creación de una adecuada disposición mental y del corazón a la elaboración y utilización de un conjunto adecuado de habilidades.

A pesar de que he dedicado muchos años a escribir y enseñar ideas similares, me encontré profundamente influido, motivado e incluso inspirado por este material, aprendí nuevas ideas, profundicé en otras antiguas, descubrí nuevas aplicaciones y amplié mi perspectiva. También he aprendido que estas técnicas, habilidades e instrumentos funcionan juntos para producir conversaciones cruciales que de verdad crean una ruptura con la mediocridad o con los errores del pasado. La mayoría de las grandes innovaciones en la vida consisten, en realidad, en «romper con algo».

La primera vez que este libro me llegó a las manos, me fascinó ver que mis queridos amigos y colegas habían reflexionado sobre toda una vida y sobre sus experiencias profesionales no sólo para abordar un tema inmensamente importante, sino también para hacerlo de manera que fuera tan accesible, tan divertido, tan lleno de humor y buenos ejemplos, tan distinguido por el sentido común y las habilidades prácticas. Nos demuestran cómo mezclar y utilizar con eficacia tanto el coeficiente intelectual (CI) como el coeficiente emocional (CE) cuando se trata de potenciar las conversaciones cruciales.

Recuerdo a uno de los autores en una conversación crucial con su profesor en la universidad. El profesor pensaba que este alumno no estaba dando la talla en clase ni respondiendo a su potencial. Este alumno, mi amigo, escuchó atentamente, reformuló la preocupación de su profesor, manifestó su agradecimiento por la afirmación sobre su potencial que había pronunciado éste y luego, sonriendo y con mucha calma, dijo: «Estoy centrado en otras prioridades, y esta asignatura no es tan importante para mí en este momento. Espero que lo entienda». Al profesor aquella respuesta lo cogió desprevenido, pero entonces empezó a escuchar. Se produjo un diálogo, se alcanzó un nuevo plano de entendimiento y se profundizaron los vínculos.

Conozco a estos autores y sé que son individuos notables y destacados profesores y consultores, e incluso los he visto poner en práctica su magia en seminarios de formación, aunque no sabía si eran capaces de abordar este complejo tema y hacerlo caber en un libro. Lo han conseguido. Le recomiendo que eche mano de este material, que se detenga y reflexione seriamente acerca de cada parte y cómo dichas partes están secuenciadas. Luego, le recomiendo aplicar lo que ha aprendido, volver nuevamente al libro, seguir instruyéndose y aplicar los nuevos aprendizajes. Recuerde que saber y no hacer equivale a no saber.

Creo que descubrirá, como me ha sucedido a mí, que las conversaciones cruciales, descritas con tanta fuerza en este libro, reflejan la intuición de estas palabras del poema más bello y memorable de Robert Frost, «The Road Not Taken» («El camino no tomado»):*

> *Dos caminos se separaban en un bosque amarillo,*
> *y sintiendo no poder tomar ambos*
> *y ser un solo viajero, me detuve por mucho tiempo*
> *y escudriñé uno de ellos todo lo que pude*
> *hasta allí donde se doblaba en la maleza...*

> *Volveré a decir esto con un suspiro*
> *en alguna parte siglos y siglos después de hoy:*
> *Dos caminos se separaban en un bosque, y yo,*
> *yo tomé el menos transitado,*
> *y esto hizo toda la diferencia.*

STEPHEN R. COVEY

---

* Traducción cedida amablemente por Hilario Barrero, revista *Calandrajas*, 25.10.1991

Introducción

Cuando publicamos *Conversaciones cruciales* en 2002 hicimos una afirmación audaz: sosteníamos que la causa fundamental de muchos —cuando no de la mayoría— de los problemas humanos radica en la forma que tienen las personas de comportarse cuando los demás no están de acuerdo con ellas sobre los asuntos emocionales donde hay importantes factores en juego. Sugeríamos entonces que sería posible lograr progresos espectaculares en el rendimiento de las organizaciones si la gente aprendía las habilidades rutinarias practicadas por aquellos que han encontrado la manera de dominar esos momentos «cruciales» de alto riesgo.

Como mínimo, durante la década siguiente nuestro convencimiento sobre este principio ha aumentado. Un número cada vez mayor de evidencias científicas demuestran que cuando los líderes invierten en crear una cultura de Conversaciones Cruciales, las plantas de energía nuclear son más seguras; las sociedades de servicios financieros logran una clientela más fiel; los hospitales salvan más vidas; los organismos estatales mejoran espectacularmente en la prestación de sus servicios, y las empresas tecnológicas aprenden a desenvolverse sin problemas por encima de las fronteras internacionales.

Pero pecaríamos de deshonestos si no admitiéramos que la mayoría de los resultados alentadores que hemos registrado en los últimos diez años no han provenido de los guarismos de las investigaciones, sino de los miles de historias narradas por los valerosos y diestros lectores que han utilizado estas ideas para promover el cambio cuando más se necesitaba. Una de las primeras fue una mujer que, después de leer el libro, se reconcilió con su distanciado padre. Una enfermera describió cómo había salvado la vida de un paciente, asumiendo más responsabilidad en una conversación crucial con un médico receloso que estaba malinterpretando los síntomas del enfermo. Un hombre evitó magistralmente las desavenencias con los hermanos acerca de un testamento que amenazaba con desgarrar la familia tras la muerte de su padre. Un intrépido lector dice incluso que su formación en Conversaciones Cruciales le ayudó a salvar la vida durante el robo de su coche en Brasil.

Multiplique estas historias por los casi dos millones de lectores y se hará una idea del significado y satisfacción que hemos obtenido de nuestra relación con personas como usted.

¿CUÁLES SON LAS NOVEDADES?

En esta nueva edición hemos realizado una serie de cambios importantes que creemos contribuirán a hacer de este libro un recurso todavía más eficaz. Algunos de los cambios ayudan a aclarar aspectos fundamentales, a actualizar ejemplos o a reforzar el enfoque del libro. Pero entre los cambios que más nos entusiasman figuran las síntesis de nuevas e importantes investigaciones; las convincentes historias de los lectores que ilustran los principios fundamentales; los enlaces a unos vídeos inolvidables tan amenos como instructivos, y un epílogo con nuevas reflexiones personales de cada uno de los autores.

Tenemos plena confianza en que estos cambios no sólo mejorarán su experiencia lectora, sino que también aumentarán su capacidad para transformar la palabra impresa en hábitos productivos tanto en su trabajo como en su vida personal.

¿Y AHORA QUÉ?

Estamos encantados con la respuesta positiva de tantísimas personas a este trabajo. Si hemos de ser sinceros, hace diez años confiábamos osadamente en que las ideas que transmitíamos cambiaran el mundo. Teníamos una gran confianza en que modificar la manera en que las personas manejan sus momentos cruciales pudiera generar un futuro mejor para las organizaciones, los individuos, las familias y las naciones. Lo que no sabíamos era si el mundo reaccionaría como esperábamos.

Hasta el momento, perfecto. Ha sido sumamente gratificante ver a tantas personas adoptar la idea de que las conversaciones cruciales pueden realmente cambiar las cosas. Hemos tenido el privilegio de formar a presidentes de gobierno, magnates e influyentes emprendedores sociales. El día que sostuvimos en nuestras manos dos ejemplares de nuestro libro —uno en árabe, el otro en hebreo—, concebimos aun mayores esperanzas. Habíamos difundido los principios en zonas de caos y agitación, tales como Kabul y El Cairo, además de en otras de crecimiento e influencia, como Bangkok y Boston. Con cada nueva audiencia y cada nueva historia de éxito crece nuestra motivación para asegurar que nuestro trabajo tiene una influencia duradera.

De ahí la nueva edición.

Confiamos en que las mejoras introducidas en esta edición refuercen sustancialmente su experiencia con estas ideas transformadoras.

KERRY PATTERSON
JOSEPH GRENNY
RON MCMILLAN
AL SWITZLER

Mayo de 2011

Acceso gratuito a CrucialConversations.com/exclusive

Introduzca la dirección CrucialConversations.com/exclusive, una página web especialmente creada pensando en lectores del libro como usted. La página está repleta de herramientas útiles y vídeos atractivos y divertidos. Hay continuas referencias a esta página a lo largo del libro. Sólo tiene que conectarse a www.CrucialConversations.com/exclusive para empezar.

Agradecimientos

Nuestra gratitud por las contribuciones de tantos magníficos colegas ha ido en aumento a medida que nuestra obra se ha ido extendiendo por el mundo. Le invitamos a que se una a nosotros en el agradecimiento a algunos de aquellos que no sólo nos han ayudado a llevar esas ideas a millones de personas en docenas de idiomas, sino que también han modelado las ideas de manera bastante más eficaz de lo que podríamos haber hecho sin ellos.

He aquí sólo unos cuantos de los más de cien colegas integrantes del equipo de VitalSmarts que están tan comprometidos con este trabajo como cualquiera de los autores:

Jaime Allred, Terry Brown, Mike Carter, Platte Clark, Jeff Gibbs, Justin Hale, Emily Hoffman, Todd King, Brittney Maxfield, Mary McChesney, John Minert, Stacy Nelson, Rich Rusick, Andy Shimberg, Mindy Waite, Yan Wang, Steve Willis, Mike Wilson y Rob Youngberg

Gracias también a nuestros asociados de Estados Unidos, personas tan influyentes como talentosos maestros:

Rodger Dean Duncan, Doug Finton, Ilayne Geller, Hayden Hayden, Jean-François Hivon, Richard Lee, Simon Lia, Murray Low, Jaime Mahan, Margie Mauldin, Paul

McMurray, Jaime Munoa, Larry Peters, Shirley Poertner, Mike Quinlan, Scott Rosenke, Howard Schultz, Kurt Southam y Neil Staker

Y por último, expresamos nuestra gratitud a los socios que han convertido Conversaciones Cruciales en un movimiento global

Australia, Steve Mason
Brasil, Paulo Kretly y Josmar Arrais
China, Joe Wang y Jenny Xu
Egipto, Hisham El Bakry
Francia, Cathia Birac y Dagmar Doring
Alemania, Tom Bertermann y Piotr Bien
India, Yogesh Sool
Italia, Katarzyna Markowska
Japón, Akira Chida y Kanae Honda
Malasia, V. Sitham y VS Pandian
Holanda, Sander van Eijnsbergen y Willeke Kremer
Polonia, Marek Choim y Piotr Sobczak
Singapur, Jaime Chan y Adrian Chong
Sudáfrica, Helene Vermaak y Jay Owens
Corea del Sur, Ken Gimm
España, Robin Schuijt
Suiza, Arturo Nicora
Tailandia, TP Lim
Reino Unido, Grahame Robb y Richard Pound
México, Paulina Pereda y Raciel Sosa

1

*El único gran problema de la comunicación es
la ilusión de que haya tenido lugar.*

GEORGE BERNARD SHAW

¿Qué es una conversación crucial?

¿Y a quién le importa?

La primera vez que las personas oyen la expresión «conversación crucial», muchas rememoran imágenes de presidentes, emperadores y primeros ministros sentados en torno a una enorme mesa mientras discuten sobre el futuro. A pesar de que es verdad que ese tipo de diálogos tienen un impacto perdurable y de gran alcance, no son los que tenemos en mente. Las conversaciones cruciales a las que nos referimos en el título de este libro son interacciones que experimentan todas las personas. Son las conversaciones cotidianas que influyen en nuestras vidas.

Ahora bien, ¿qué es lo que diferencia una conversación crucial de una normal y corriente? En primer lugar, *las opiniones son opuestas*. Por ejemplo, estamos hablando con nuestra jefa de un posible ascenso. Ella piensa que no estamos preparados. Nosotros pensamos que sí lo estamos. En segundo lugar, *hay importantes factores en juego*. Supongamos que se encuentra en una reunión con cuatro colegas intentando definir una nueva estrategia de mercado. Tienen que elaborar algo diferente o su empresa no conseguirá cumplir con sus objetivos anuales. En tercer lugar, *las emociones son intensas*. Ha entablado una discusión normal y corriente con su cónyuge y él o ella recuerda un «incidente desagradable» que se produjo durante la fiesta del barrio celebrada ayer. Al parecer, usted no sólo coqueteó con alguien en esa fiesta, sino que, según su cónyuge, «prácticamente se estaban besando». Usted no recuerda haber flirteado. Simplemente recuerda haber sido amable y bien educado. Como resultado, su cónyuge se retira malhumorado.

Factores Importantes en Juego

Y hablando de la fiesta del barrio, en algún momento usted se encuentra conversando con su vecino, una persona algo caprichosa y siempre pintoresca cuando habla de sus dolencias renales, y de pronto le dice: «Hablando de la valla que estás construyendo...» A partir de ese momento se entabla una acalorada discusión sobre el emplazamiento de la valla, ocho centímetros más acá o más allá. ¡Ocho centímetros! Su vecino acaba amenazándolo con una demanda judicial y usted interrumpe sus argumentos y declara que su vecino confunde la gimnasia con la magnesia. Las emociones son *verdaderamente* intensas.

Lo que convierte a estos diálogos en conversaciones cruciales (y no solamente en un desafío, o en algo fastidioso, intimidatorio o desagradable) es que los resultados podrían tener un enorme impacto en su calidad de vida. En todos los casos, algún elemento de su rutina cotidiana podría verse alterado para siempre, para mejor o para peor. Es evidente que un ascenso podría marcar grandes diferencias. El éxito de su empresa le afecta a usted y a todas las personas con que trabaja. La relación con su cónyuge influye en todos los aspectos de su vida. Incluso algo tan trivial como una discusión sobre la demarcación de una propiedad influye en las relaciones con su vecino.

A pesar de la importancia de las conversaciones cruciales, solemos rehuirlas porque tememos que empeorarán las cosas. Nos hemos convertido en verdaderos maestros en la evitación de estas conversaciones difíciles. Los colegas se mandan correos electrónicos cuando lo que deberían hacer es reunirse en el pasillo y hablar en serio. Los jefes dejan mensajes telefónicos en lugar de fijar reuniones con sus subalternos. Los miembros de una familia cambian de tema cuando una conversación se vuelve demasiado espinosa. Nosotros (los autores) tenemos un amigo que se enteró a través de un mensaje telefónico de que su mujer pensaba divorciarse de él. Recurrimos a todo tipo de tácticas para evitar los temas espinosos.

VitalSmarts **Visita de ventas jurásica**

Como primer caso, le invitamos a ver el video VitalSmarts Voult donde el autor Joseph Grenny le muestra el portal de vídeos de VitalSmarts y le presenta a Rick, un personaje ficticio que está adiestrando a un nuevo vendedor asociado. Observe cómo el nuevo asociado, Michael, arma un escándalo delante de una cliente. ¿Cómo manejaría usted esta conversación crucial?

Para ver este vídeo, visite www.CrucialConversations.com/exclusive

---

Sin embargo, no tiene por qué ser así. Si usted aprende a manejar las conversaciones cruciales, podrá afrontar y sostener con éxito conversaciones difíciles sobre prácticamente cualquier tema.

Conversación crucial es entonces aquella entre dos o más personas donde 1) las opiniones son opuestas, 2) hay importantes factores en juego y 3) las emociones son intensas.

CÓMO MANEJAMOS HABITUALMENTE LAS CONVERSACIONES CRUCIALES

El solo hecho de que nos encontremos en medio de una conversación crucial (o que estemos pensando en iniciar una) no significa que tengamos un problema ni que lo pasaremos mal. En realidad, cuando nos enfrentamos a conversaciones cruciales podemos optar por una de estas tres soluciones:

* Podemos evitarlas.
* Podemos enfrentarnos a ellas y manejarlas de mala manera.
* Podemos enfrentarnos a ellas y manejarlas adecuadamente.

Parece bastante fácil. Evitar las conversaciones cruciales y sufrir las consecuencias. Manejarlas de mala manera y sufrir del mismo modo las consecuencias. O manejarlas adecuadamente.

«No lo sé —pensará—. Dadas las tres posibilidades, me inclino por la tercera.»

Cuando más falta hace, peor lo hacemos

Sin embargo, ¿las manejamos adecuadamente? Cuando hablar se pone difícil, ¿acaso hacemos una pausa, respiramos hondo, y nos decimos a nosotros mismos: «Oye, esta discusión es crucial. Será mejor que preste mucha atención», y luego echamos mano de nuestro mejor actitud? Cuando esperamos una discusión potencialmente peligrosa, ¿nos enfrentamos a ella en vez de escabullirnos? A veces. A veces nos enfrentamos audazmente a temas candentes, controlamos nuestra conducta, damos lo mejor de nosotros mismos y cuidamos nuestros modales. A veces somos francamente *buenos*. Y luego está el resto de nuestras vidas. Éstos son los momentos en que, por la razón que sea, manifestamos lo peor de nosotros mismos. Gritamos, nos retraemos, decimos cosas que más tarde lamentamos. Cuando las cosas tienen un valor primordial, es decir, cuando las conversaciones dejan de ser banales y se convierten en cruciales, normalmente mostramos lo peor de nuestra conducta.

¿Por qué sucede esto?

Porque estamos mal diseñados. Cuando las conversaciones dejan el terreno de lo rutinario y se vuelven críticas, solemos tener problemas. Esto se debe a que las emociones no nos preparan precisamente para dialogar de manera satisfactoria. Incontables generaciones de conformación genética conducen a los humanos a manejar las conversaciones cruciales con el puño en alto y los pies ligeros, no con persuasión inteligente ni con amabilidad.

Por ejemplo, pensemos en una típica conversación crucial. Alguien dice algo con lo que usted no está de acuerdo sobre un tema que tiene una gran importancia para usted, y siente que se le erizan los pelos de la nuca. Los *pelos* que usted puede dominar. Desafortunadamente, su organismo hace algo más. Dos pequeñas glándulas ubicadas encima de los riñones bombean adrenalina en su sistema sanguíneo. No es que usted *decida* hacer esto, son sus glándulas suprarrenales las que se activan, y tiene que aprender a vivir con ello.

Y aún hay más. A continuación, su cerebro desvía sangre de actividades que estima no esenciales a gestos de alta prioridad, como golpear y correr. Lamentablemente, a medida que los grandes músculos de los brazos y las piernas reciben *más* sangre, los sectores del cerebro relacionados con el razonamiento de nivel superior obtienen *menos*. El resultado es que acabamos enfrentándonos al diálogo con la misma actitud que podríamos observar en los monos de la India. Su cuerpo se está preparando para afrontar el ataque de un tigre dientes de sable, no para tratar con su jefe, su vecino o sus seres queridos. *Nos encontramos bajo presión.* Agreguemos un segundo factor: las conversaciones cruciales suelen ser espontáneas. A menudo, surgen de cualquier parte. Y, puesto que nos toman por sorpresa, nos vemos obligados a llevar a cabo una interacción humana compleja en tiempo real, nada de libros ni de consejeros y, desde luego, ninguna pausa para que un equipo de terapeutas venga en nuestra ayuda y nos llene de ideas brillantes.

¿Con qué *tenemos* que lidiar realmente? Con el problema al que nos enfrentamos, la otra persona, y un cerebro que está ebrio de adrenalina y es casi incapaz de pensar racionalmente. No es de extrañar que solamos decir y hacer cosas que tienen un perfecto sentido en aquel momento, pero que más tarde parecen insensatas.

«¿En qué estaría pensando?», nos preguntamos, cuando lo que deberíamos estar preguntándonos es: «¿Con qué parte de mi cerebro estaba pensando?»

La verdad es que nos enfrentábamos a múltiples tareas en tiempo real con un cerebro que estaba abocado a otra cosa. Hemos tenido suerte de no sufrir un infarto.

Estamos confundidos. Agreguemos una tercera complicación. No sabemos por dónde empezar. A medida que avanzamos, improvisamos porque no hemos visto muy a menudo modelos reales que pongan en práctica habilidades eficaces de comunicación. Digamos que nos habíamos preparado para una conversación difícil; puede que incluso la hayamos repasado mentalmente. Nos sentimos preparados y estamos tan campantes. ¿Tendremos éxito? No necesariamente. Aún podemos estropearlo todo porque la práctica no crea la perfección. La práctica *perfecta* crea la perfección.

Esto significa que, antes que nada, tenemos que saber qué practicar. A veces no lo sabemos. Al fin y al cabo, puede que jamás hayamos visto en la práctica cuál es la mejor manera de enfrentarse a un determinado problema. Puede que hayamos visto lo que *no* hay que hacer (siguiendo el modelo de nuestros amigos, colegas y, sí, incluso de nuestros padres). De hecho, puede que hayamos jurado una y otra vez que no volveremos a actuar de esa manera. Ya que no contamos con modelos sanos, nos encontramos más o menos confundidos. ¿Y qué hacemos? Lo que hace la mayoría de las personas: improvisamos. Añadimos unas palabras a otras, creamos un cierto estado de ánimo, y de alguna manera inventamos algo que creemos que funcionará (sin olvidar que funcionamos con un cerebro mal alimentado). No es de extrañar que, cuando más importa, solamos manifestar nuestra peor conducta.

Actuamos de manera contraproducente. En nuestro estado dopado y empobrecido, las estrategias que escogemos para abordar nuestras conversaciones cruciales están perfectamente diseñadas para impedirnos conseguir lo que realmente queremos. Somos nuestros peores enemigos, y ni siquiera nos damos cuenta. He aquí cómo funciona.

Imaginemos que su cónyuge le presta cada vez menos atención. Usted sabe que tiene un trabajo que lo mantiene muy atareado pero, aun así, desearía que pasaran más tiempo juntos. Lanza unas cuantas indirectas sobre el tema, pero su pareja no se lo toma bien. Usted decide no añadir presión, de modo que se calla. Desde luego, dado que no está nada contento con la solución, su disgusto ahora se expresa de vez en cuando a través de comentarios sarcásticos.

«Has vuelto a llegar tarde esta noche, ¿eh? Tengo amigos del Facebook a los que veo más a menudo.»

Lamentablemente (y es aquí donde el problema se vuelve contraproducente), cuanto más le regañe, menos querrá estar con usted. El resultado es que su pareja le dedica cada vez menos tiempo, lo que le irrita aún más, y la espiral continúa. Nuestra conducta finalmente acaba por crear el problema mismo que en un principio queríamos evitar. Nos encontramos atrapados en un círculo vicioso y contraproducente.

Pensemos en lo que sucede con Tomás, nuestro compañero de departamento que tiene la costumbre de ponerse nuestra ropa y la de los otros dos compañeros del mismo departamento sin preguntar, y se jacta de ello. De hecho, en una ocasión, Tomás anunció alegremente que llevaba puesta una prenda de cada uno de nosotros. Ahí estaban los pantalones de Teo, la camisa de Santiago y, sí, incluso el conjunto de zapatos y calcetines recién comprados de Cristian. ¿Cuál de mis prendas habría escogido? ¡Puaj!

Nuestra respuesta, con toda naturalidad, consistió en hablar mal de Tomás a sus espaldas, hasta que un día nos escuchó hablando despectivamente de él a un amigo y ahora estamos tan avergonzados que evitamos su compañía. Cuando no estamos en el departamento, él se pone nuestra ropa, se come nuestra comida y utiliza nuestra computadora por despecho.

Pensemos en otro ejemplo. Comparte un pequeño lugar de trabajo con un tipo desordenado de mucho cuidado y usted es un fanático de la limpieza. Su colega le deja notas escritas con lápiz en su archivero, con *cátsup* en una bolsa de papas fritas y con rotulador permanente en la cubierta de su mesa de trabajo. Usted, por el contrario, le deja notas escritas a máquina en etiquetas autoadhesivas. *¡Impresas!*

Al principio, usted consigue tolerarlo. Después, comienzan a irritarse mutuamente. Usted le pide que ponga las cosas en su lugar mientras que él le da lata con sus reproches. Ahora ambos están muy susceptibles. Cada vez que usted le reprocha algo, él se irrita y no hace nada por poner orden. Cada vez que lo llama «vieja maniática», usted jura no dejarse provocar por su comportamiento grosero y desagradable.

¿Cuál es el resultado de todos estos reproches mutuos? Ahora usted es más ordenado que nunca y la superficie de la mesa de trabajo de su compañero está a punto de ser clausurada por el Ministerio de Salud. Se encuentran atrapados en un círculo contraproducente. Cuanto más se enfrentan el uno al otro, más reproducen precisamente los comportamientos que ambos detestan.

Algunas conversaciones cruciales habituales

En cada uno de estos ejemplos de autoperpetuación dañina, el valor de lo que estaba en juego era de moderado a alto, las opiniones divergían y las emociones eran intensas. En realidad, para ser sinceros, en un par de ejemplos, lo que estaba en juego era relativamente bajo al principio pero, con el tiempo y las emociones cada vez más intensas, la relación acabó volviéndose amarga y la calidad de vida se resintió, lo cual aumentó los riesgos.

Desde luego, estos ejemplos son sólo la punta de un enorme y desagradable iceberg de problemas que nacen de conversaciones cruciales que han sido evitadas o que han tenido un mal desenlace. Otros temas que podrían fácilmente conducir al desastre son:

- Poner fin a una relación

- Hablar con un colega en el trabajo que se comporta de manera ofensiva o hace comentarios desagradables

- Pedirle a un amigo que nos pague lo que nos debe

- Hacerle comentarios a la jefa sobre su comportamiento inadecuado

- Hablar con un jefe que viola sus propias normas de seguridad o de calidad

- Criticar el trabajo de un colega

- Pedirle a un compañero de apartamento que se mude

- Definir cuestiones relacionadas con la custodia o las visitas de los hijos con un ex-cónyuge

- Tratar con un adolescente rebelde

- Hablar con un miembro del equipo que no cumple con los compromisos adquiridos

- Discutir problemas de intimidad sexual

- Hablar con un ser querido acerca de un problema de abuso de ciertas sustancias
- Hablar con un colega que acapara información o recursos
- Entregar un estudio de rendimiento desfavorable
- Pedirle a los suegros que dejen de intervenir
- Hablar con un colega acerca de un problema de higiene personal

NUESTRA AUDAZ REIVINDICACIÓN

Digamos que lo que sucede es que usted evita los problemas difíciles o que, cuando los suscita, se manifiesta su peor conducta. ¿Y qué importa? No son más que palabras, ¿verdad? ¿Acaso las consecuencias de una conversación frustrada se extienden más allá de la propia conversación? ¿Deberíamos preocuparnos?

En realidad, las consecuencias de las conversaciones frustradas pueden ser a la vez devastadoras y de amplio alcance. Nuestras investigaciones han demostrado que las relaciones sólidas, las carreras, las organizaciones y las comunidades comparten la misma fuente de poder, a saber, la habilidad para hablar abiertamente acerca de temas importantes, emocionales y polémicos.

De modo que he aquí nuestra audaz reivindicación.

La ley de las conversaciones cruciales

Las conversaciones cruciales están en la raíz de casi todos los problemas crónicos de nuestras organizaciones, equipos y relaciones, ya sea por no mantenerlas o por no abordarlas debidamente. Veinte años de investigaciones sobre más de 100 000 personas ponen de manifiesto que *la* habilidad clave de los líderes, compañeros de equipo, padres y seres queridos eficaces es su capacidad para abordar con destreza los asuntos comprometidos, tanto emocional como políticamente. Y punto. He aquí algunos cuantos ejemplos de estos descubrimientos fascinantes.

Un impulso a su carrera

¿Acaso la capacidad para dominar conversaciones cruciales puede ayudarlo en su carrera profesional? Sin ninguna duda. Veinticinco años de investigación en diecisiete organizaciones diferentes nos han enseñado que los individuos más influyentes, aquellos que consiguen realizar sus proyectos y, *a la vez*, saben entablar relaciones, son aquellos que dominan sus conversaciones cruciales.

Por ejemplo, las personas de alto rendimiento saben cómo enfrentarse al jefe sin llegar al suicidio profesional. Todos hemos visto a personas que perjudican sus carreras por no saber abordar eficazmente los problemas difíciles. Puede que le haya sucedido a usted mismo. Harto de un dañino e interminable modelo de conducta, finalmente se atreve a hablar, pero lo hace con demasiada brusquedad. Ya estamos. O quizás un tema se vuelve tan candente que a medida que sus compañeros hacen muecas y gestos y se convierten en una masa temblorosa de potenciales víctimas de infarto, usted decide hablar. No es una discusión agradable, pero alguien tiene que tener el valor suficiente para evitar que el jefe cometa un error estúpido. (Todo un trago.)

En realidad, no tiene por qué escoger entre ser honrado y ser eficaz. No es necesario que elija entre la franqueza y su carrera. Las personas que mantienen conversaciones cruciales a diario y son capaces de encauzarlas adecuadamente son capaces de expresar opiniones polémicas, e incluso arriesgadas, de manera que los escuchen. Sus jefes, compañeros y subordinados escuchan sin adoptar una actitud a la defensiva ni irritarse.

¿Y qué pasa con nuestra carrera? ¿Hay conversaciones críticas que pasamos por alto o que no sabemos manejar adecuadamente? ¿Acaso esto afecta su capacidad de influencia? Y, aún más importante, ¿le daría un impulso a su carrera si pudiese mejorar su manera de abordar estas conversaciones?

Para mejorar su empresa

¿Es posible que el rendimiento de una empresa pueda depender de algo tan ligero y emocional como la manera en que los individuos abordan las conversaciones cruciales?

Un estudio tras otro sugieren que la respuesta es *sí*.

Nosotros iniciamos nuestro trabajo hace veinticinco años buscando lo que denominamos *momentos cruciales*. A tal fin, nos preguntamos: «¿Existen unos cuantos momentos en los que las acciones de alguien *afectan desproporcionadamente* a los indicadores de rendimiento fundamentales?» Y de ser así, ¿cuáles son esos momentos y cómo deberíamos actuar cuando surgen?

Fue esa búsqueda la que nos condujo hasta las conversaciones cruciales, encontrándonos con que la mayoría de las veces el mundo cambia cuando las personas tienen que afrontar un asunto comprometido y lo hacen mal o lo hacen bien. Por ejemplo:

El silencio mata. Un médico se dispone a implantar un catéter venoso central a un paciente, pero no se pone los guantes, el gorro y la mascarilla adecuados para garantizar que el procedimiento se haga en condiciones de máxima hiene. Cuando la enfermera le recuerda que debe utilizar las protecciones adecuadas, el médico hace caso omiso a su comentario y procede a la implantación. En un estudio en el que participaron más de 7000 médicos y enfermeras, hemos encontrado que los profesionales de la salud se enfrentan permanentemente a momentos cruciales como éste. De hecho, el ochenta y cuatro por ciento de los encuestados dijeron que habitualmente ven a personas que toman atajos, dan muestras de incompetencia o infringen las normas.

¡Y ése no es el problema!
El auténtico problema es que aquellos que observan las desviaciones o infracciones *no dicen nada.* Lo que hemos descubierto es que a nivel mundial las probabilidades de que una enfermera exprese su opinión no llegan a una de cada doce. Pero las probabilidades de que los médicos asuman más responsabilidad en conversaciones cruciales similares no son mucho más altas.

Y cuando no se atreven a hablar, cuando no entablan una conversación crucial efectiva, esto repercute en la seguridad del paciente (algunos hasta mueren), la rotación de las enfermeras, la satisfacción del médico, la productividad de las enfermeras y una multitud de otros resultados.

El silencio es infructuoso. En lo referente al mundo empresarial, la queja más habitual de los ejecutivos y directivos es que su gente trabaja en compartimentos estancos. Son fantásticos haciendo labores que son gestionadas completamente dentro de sus equipos. Por desgracia, cerca del ochenta por ciento de los proyectos que exigen una cooperación interdisciplinaria cuestan bastante más trabajo de lo esperado, producen menos de lo que se calculaba y sobrepasan notablemente lo presupuestado. Nos preguntamos la razón.

Así que nos decidimos a estudiar más de 2200 proyectos y programas que se habían puesto en marcha en cientos de empresas de todo el mundo. Las conclusiones fueron sorprendentes. Uno puede predecir con casi el noventa por ciento de exactitud qué proyectos fracasarán... con meses o años de antelación. Vinculando este descubrimiento a nuestra premisa vimos que el indicador del éxito o el fracaso no era otro que el que las personas pudieran entablar cinco conversaciones cruciales concretas. Por ejemplo, ¿podían dar su opinión si creían que el alcance y el calendario eran poco viables? ¿O guardaban silencio cuando un miembro del equipo interdisciplinario empezaba a no darse por enterado? O lo que sería incluso más delicado: ¿qué deberían hacer cuando un ejecutivo no asumiera la dirección de la iniciativa?

En la mayoría de las empresas, los empleados guardaban silencio cuando llegaban estos momentos cruciales. Por suerte, en aquellas donde la gente podía hablar satisfactoriamente y con franqueza sobre estos problemas, sólo la mitad de los proyectos tenían probabilidades de fracasar. Una vez más, los problemas planteados aparecían en indicadores de rendimiento fundamentales como los costes crecientes, el retraso en los plazos de entrega y la moral baja. En cualquier caso, la causa subyacente era la indisposición o incapacidad para hablar en los momentos cruciales.

Otros estudios importantes que hemos realizado (lea la lista completa de los estudios en www.vitalsmarts.com/research) han mostrado que las empresas con empleados que manejan con habilidad las conversaciones cruciales:

- Reaccionan cinco veces más deprisa a las crisis financieras, y realizan los ajustes presupuestarios con bastante más inteligencia que sus compañeros menos dotados (**Estudio de investigación: Agilidad Financiera**).

- Tienen un sesenta y seis por ciento más de probabilidades de no resultar heridos o muertos en condiciones de inseguridad (**Estudio de investigación: Peligro silencioso**).

- Ahorran más de 1500 dólares y una jornada de trabajo de ocho horas por cada conversación crucial que mantienen en lugar de evitarla (**Estudio de investigación: Los costos de evitar el conflicto**).

- Aumentan sustancialmente la confianza y reducen los costos de transacción en los equipos de trabajo virtual. Los que no son capaces de afrontar sus conversaciones cruciales soportan trece maneras diferentes de consecuencias (traiciones, chismorreo, menosprecio, agresión pasiva, etc.) con una frecuencia tres veces mayor en los equipos virtuales que en los equipos agrupados (**Estudio de investigación: Animosidad a larga distancia**).

- Logran cambios en colegas que son acosadores, deshonestos o incompetentes. Preguntados casi 1000 encuestados, el noventa y tres por ciento dijo que, en sus empresas, las personas así son casi «intocables» y permanecen en sus puestos durante años y lustros sin que se les exija ninguna responsabilidad (**Estudio de investigación: Intocables empresariales**).

La mayoría de los líderes están equivocados. Piensan que la productividad y el rendimiento empresariales se basan simplemente en las políticas, procesos, estructuras o sistemas. Así, cuando un producto de programación informática no sale a tiempo, toman como referencia los *procesos* de desarrollo de los demás. O cuando la productividad flaquea, modifican su *sistema* de gestión de resultados. Y cuando sus equipos no están cooperando, proceden a una *reestructuración*.

Nuestras investigaciones muestran que estas clases de cambios no humanos fracasan más veces que las que tienen éxito. Esto es así porque el verdadero problema jamás estuvo en el proceso, el sistema o la estructura: estaba en el *comportamiento* de los empleados. La clave para el verdadero cambio no estriba en implantar un nuevo proceso, sino en conseguir que las personas se rindan cuentas mutuamente por el proceso. Y eso requiere las habilidades propias de Conversaciones Cruciales.

En las *peores* empresas, los empleados con bajo rendimiento son primero ignorados, y más tarde trasladados. En las *buenas* empresas, los jefes acaban por afrontar los problemas. En las *mejores* empresas, todos son responsables ante todos los demás, con independencia de su nivel o cargo. El camino hacia una productividad elevada no pasa por un sistema estático, sino por las conversaciones directas.

¿Y qué hay de usted? ¿Su empresa no avanza en la consecución de algún objetivo importante? Si es así, ¿hay conversaciones que esté evitando o estropeando? ¿Podría dar un gran paso adelante mejorando la manera en que afronta esas conversaciones?

VitalSmarts Vídeo de estudio de casos: STP Nuclear
Operating Co.

Mire cómo manejarse con habilidad en las Conversaciones Cruciales
ayudó a una planta de energía nuclear de Texas a convertirse en líder
del sector a escala nacional.

Para ver este vídeo, visite www.crucialConversations.com/exclusive.

Mejore sus relaciones

Pensemos en el impacto que pueden tener las conversaciones cruciales
en nuestras relaciones. ¿Es posible que haber evadido las conversaciones cruciales conduzca a tener relaciones fallidas? Por lo que
vemos, cuando preguntamos a una persona normal y corriente a qué
se deben las rupturas de las parejas, suele señalar que se deben a diferencias de opinión. Sabemos que las personas tienen diferentes teorías acerca de cómo manejar sus finanzas, poner un poco de color en
sus vidas amorosas o criar a los hijos. En realidad, todos discutimos
acerca de temas importantes. Lo que importa es cómo lo hacemos.

Por ejemplo, cuando nuestro colega Howard Markman estudió
a parejas en medio de acaloradas discusiones, descubrió que las
personas pertenecen a tres categorías: aquellas que se desvían del
tema y recurren al insulto y las amenazas, aquellas que se encierran
en sí mismas, y aquellas que hablan abierta, sincera y eficazmente.

Después de observar a parejas durante cientos de horas, el especialista predijo los resultados de las conversaciones y siguió la
pista de las relaciones de sus sujetos de investigación durante los
siguientes diez años. Al final, resultó que había pronosticado casi el
noventa por ciento de los divorcios que se produjeron.[1] Pero más
importante todavía fue su hallazgo de que ayudar a las parejas a
mantener las conversaciones cruciales de manera más eficaz reducía
las probabilidades de insatisfacción o ruptura ¡en más del doble!

¿Qué pasa con usted? Piense en sus propias relaciones importantes. ¿Acaso hay unas cuantas conversaciones cruciales que intenta evitar o que maneja deficientemente? ¿Acaso guarda distancia con ciertos temas sólo para evadir a otras personas? ¿Quizá evita expresar opiniones desagradables sólo para soltarlas después como comentarios sarcásticos e hirientes? ¿Qué pasa con su pareja o con los miembros de su familia? ¿Acaso se mueven constantemente entre el rígido silencio y los ataques sutiles pero costosos? Cuando más importa (al fin y al cabo, se trata de nuestros seres queridos), ¿no manifestamos nuestra peor actitud? Si es así, sin duda tenemos algo que ganar profundizando en el aprendizaje de cómo manejar las conversaciones cruciales.

Para mejorar su salud personal

Si hasta ahora las pruebas no son suficientemente convincentes para centrar su atención en las conversaciones cruciales, ¿qué diría si le dijéramos que la capacidad de dominar discusiones importantes es una clave para una vida más saludable y longeva?

Los sistemas inmunes. Pensemos en las revolucionarias investigaciones realizadas por la doctora Janice Kiecolt-Glaser y el doctor Ronald Glaser. Entre los dos han estudiado los sistemas inmunológicos de parejas que habían estado casadas un promedio de cuarenta y dos años, comparando aquellos que discutían constantemente con aquellos que resolvían sus diferencias de manera eficaz. Han descubierto que discutir durante décadas no disminuye el impacto destructivo del conflicto permanente. Muy al contrario. Aquellos que fracasaron rutinariamente en sus conversaciones cruciales tenían sistemas inmunológicos mucho más débiles que aquellos que habían encontrado una manera de resolverlos adecuadamente.[2] y desde luego, cuanto más debilitado está el sistema inmunológico, más se resiente la salud.

Enfermedades que amenazan nuestras vidas. En lo que quizá constituye el más revelador de todos los estudios relacionados con la salud, un grupo de sujetos que habían contraído un melanoma

maligno recibieron el tratamiento tradicional y luego fueron dividi-
dos en dos grupos. Un grupo se reunió semanalmente durante seis
semanas. El otro grupo no se reunió. Los instructores enseñaron al
primer grupo de pacientes en recuperación habilidades de comunicación específicas. (Cuando lo que está en juego es nuestra propia
vida, ¿hay algo que pueda ser más crítico?) Después de reunirse sólo seis veces y luego separarse durante cinco
años, los sujetos que aprendieron a expresarse eficazmente tuvieron
una tasa de supervivencia superior (sólo falleció el nueve por ciento, en
comparación con casi el treinta por ciento del grupo que no recibió
formación para el diálogo).[3] Pensemos en las implicaciones de este estudio. Una modesta mejoría en la capacidad para hablar y conectarse
con otros arrojó una disminución de dos terceras partes en la tasa de
mortalidad.

Podríamos continuar hablando durante páginas de la capacidad
para sostener conversaciones cruciales y el impacto que tiene en su salud personal. Las pruebas aumentan día a día. Sin embargo, la mayoría
de las personas opinan que esta verdad es algo exagerada. «Venga —dicen, incrédulos—, ¿quieres decir que la manera en que hablamos o no
hablamos afecta a nuestro cuerpo? ¿Que te podría matar?»

La respuesta más breve es sí. La respuesta más extensa señala que
los sentimientos negativos que guardamos, el dolor emocional que sufrimos y las constantes palizas que soportamos a medida que nos abrimos paso entre conversaciones nocivas minan lentamente nuestra salud. En algunos casos, el impacto de las conversaciones frustradas
acarrea problemas menores. En otros, trae consigo el desastre. En
todos los casos, las conversaciones frustradas nunca nos hacen más
felices ni más sanos.

¿Y qué pasa con usted? ¿Cuáles son las conversaciones específicas que más problemas le provocan? ¿Cuáles son las conversaciones
(si es que las ha tenido o las ha mejorado) que fortalecerían su sistema inmunológico, contribuirían a mantener las enfermedades a raya
y aumentarían su calidad de vida y su bienestar?

RESUMEN

Cuando lo que está en juego es valioso, las opiniones varían, las emociones comienzan a cobrar fuerza y las conversaciones triviales se vuelven cruciales. Paradójicamente, cuanto más crucial es la conversación, menos probable será que la manejemos adecuadamente. Las consecuencias de evitar o estropear conversaciones cruciales pueden ser graves. Cuando fracasamos en una conversación crucial, todos los aspectos de nuestras vidas pueden verse afectados, desde nuestra carrera profesional hasta nuestra comunidad, nuestras relaciones y nuestra salud personal.

Y ahora las buenas noticias. A medida que aprendemos a enfrentarnos a las conversaciones cruciales (y a manejarlas adecuadamente), con un conjunto de habilidades podemos influir prácticamente en todos los aspectos de nuestras vidas.

¿Cuál es este conjunto tan importante de habilidades? ¿Qué es lo que hacen, en realidad, las personas que se desenvuelven con soltura en las conversaciones cruciales? Y, lo que es más importante, ¿podemos conseguirlo nosotros?

2

Nuestras vidas empiezan a acabarse el día en que guardamos silencio sobre las cosas importantes

Martin Luther King, Jr.

El dominio de las conversaciones cruciales

El poder del diálogo

Nosotros (los autores) no nos hemos dedicado siempre a reflexionar sobre las conversaciones cruciales. De hecho, comenzamos nuestras investigaciones estudiando un tema ligeramente diferente. Pensamos que si entendíamos por qué ciertas personas eran más eficaces que otras, podríamos aprender exactamente qué hacían, clonar el método y facilitárselo a otros.

Para encontrar la fuente del éxito, comenzamos a trabajar. Pedimos a las personas que identificaran a los compañeros que consideraban más eficaces. De hecho, a lo largo de los últimos veinticinco años, le hemos pedido a más de veinte mil personas que identifiquen a los individuos en sus organizaciones que realmente podían llevar a cabo lo que se proponían. Queríamos encontrar a aquellos que no eran tan sólo influyentes, sino que eran *mucho más* influyentes que el resto.

En todas las ocasiones, cuando escribíamos los nombres en una lista, surgía un modelo. Había quienes eran nombrados por uno o dos colegas. Algunos aparecían en la lista de cinco o seis personas. Éstos eran los *buenos* en cuestión de influencia, pero no lo bastante buenos para ser identificados como los mejores. Y luego había un puñado que eran mencionados treinta o más veces. Éstos eran los mejores, los líderes de opinión destacados en sus respectivos sectores. Algunos eran directores y supervisores. Muchos no lo eran.

Uno de los líderes de opinión que nos interesó especialmente se llamaba Kevin. Era el único de ocho vicepresidentes en su empresa que había sido identificado como sumamente influyente. Queríamos saber por qué. De modo que lo observamos en el trabajo.

Al comienzo, Kevin no hizo nada notable. En realidad, parecía tener el mismo aspecto que cualquier otro vicepresidente. Contestaba al teléfono, hablaba con sus colaboradores y continuaba con su rutina, agradable pero rutinaria.

El descubrimiento inesperado

Después de seguir los pasos de Kevin durante casi una semana, comenzamos a preguntarnos si realmente su manera de proceder lo distinguía de otros o si su influencia era puramente una cuestión de popularidad. Hasta que lo seguimos a una reunión.

Kevin, sus compañeros y su jefe debían tomar una decisión sobre una nueva localización para sus oficinas. ¿Tendrían que mudarse al otro extremo de la ciudad, del estado o del país? Los dos primeros ejecutivos presentaron los puntos a favor de su primera elección y, tal como se esperaba, sus argumentos encontraron un cúmulo de preguntas incisivas de todo el equipo. No había ningún punto que no fuera analizado, ningún razonamiento sin fundamento que no fuera cuestionado.

Entonces Chris, el director general, expresó su preferencia, una elección que había sido a la vez impopular y potencialmente desastrosa. Sin embargo, cuando las personas expresaron su desacuerdo o rebatieron, él respondió con argumentos pobres. Y puesto que era el gran jefe, no estaba acostumbrado a tener que discutir con otras personas para conseguir lo que quería. Al contrario, adoptó una actitud ligeramente a la defensiva. Primero, frunció el ceño. Luego, levantó el dedo índice. Finalmente, alzó la voz, sólo un poco. No pasó mucho rato antes de que los presentes dejaran de hacerle preguntas y la propuesta inadecuada de Cristian fuera tímidamente aceptada. Bueno, casi aceptada. En ese momento habló Kevin. Sus palabras fueron muy sencillas, algo así como: «Oye Chris, ¿puedo preguntarte un par de cosas?»

La reacción fue sorprendente, porque a todos los presentes en la sala se les cortó la respiración. Sin embargo, Kevin no hizo caso del terror pintado en la cara de sus colegas y prosiguió. En los minutos siguientes, básicamente le dijo al director general que daba la impresión de que estaba violando sus propias normas sobre la toma de decisiones. Había utilizado sutilmente su poder para desplazar las oficinas a su pueblo natal.

Kevin continuó explicando lo que, en su opinión, estaba sucediendo, y cuando acabó los primeros minutos de su delicado comentario, Cristian guardó silencio durante un momento. Luego asintió con un gesto de la cabeza. «Tienes toda la razón —dijo finalmente—; he intentado imponeros mi opinión. Volvamos atrás e intentémoslo de nuevo.»

Se trataba en este caso de una conversación crucial, y Kevin no se anduvo con rodeos. No recurrió al silencio como sus colegas ni intentó imponer sus argumentos para acallar a otros. Fuera como fuese, consiguió imprimir a sus palabras una franqueza absoluta, aunque lo hizo de una manera que demostraba un profundo respeto por Chris. Fue algo digno de verse. El resultado fue que el equipo eligió una localización mucho más razonable y el jefe de Kevin apreció su sincero asesoramiento.

Cuando Kevin acabó, uno de sus compañeros se volvió hacia nosotros y dijo: «¿Han visto cómo lo hizo? Si quieren saber cómo consigue lo que quiere, reflexionen sobre lo que acaba de hacer».

Eso fue lo que hicimos y, de hecho, dedicamos los siguientes veinticinco años a descubrir lo que hacían Kevin y otras personas como él. Lo que generalmente los situaba en un nivel diferente del resto del equipo era su capacidad para evitar lo que terminamos denominando la *Alternativa del Tonto*. Observará que la contribución de Kevin no fue su comprensión de la situación. Casi todos podían darse cuenta de lo que estaba sucediendo; sabían que se estaban dejando dominar para tomar una mala decisión. Pero todos, a excepción de él, creían que tenían que elegir entre dos malas alternativas.

- Opción 1: expresar su opinión y convertir a la persona más poderosa de la empresa en su enemigo declarado.

- Opción 2: sufrir en silencio y tomar una mala decisión que podría arruinar a la empresa.

El error que la mayoría cometemos en nuestras conversaciones cruciales es que creemos que tenemos que escoger entre decir la verdad y conservar un amigo. Empezamos a creer en la Alternativa del Tonto a una edad muy temprana. Por ejemplo, aprendimos que cuando la abuela nos sirvió aquella descomunal ración de su famoso pastel de coles de Bruselas *à la mode* y luego preguntó: «¿Te gusta?», *en realidad* había querido decir: «¿Te gusto yo?» Cuando respondimos sinceramente y vimos la expresión de dolor y espanto en su rostro, tomamos una decisión que afectó al resto de nuestras vidas: «De hoy en adelante, estaré atento a los momentos en que debo escoger entre la sinceridad y la ternura».

Más allá de la Alternativa del Tonto

Y desde ese día en adelante, nos encontramos con un montón de esos momentos: con jefes, colegas, seres queridos y abusivos. Y las consecuencias pueden ser desastrosas.

Esta es la razón de que nuestro descubrimiento de Kevin (y de cientos de individuos como él) fuera tan importante. Descubrimos un plantel de seres humanos que se niegan a decantarse por la Alternativa del Tonto; su meta es diferente de la del ciudadano medio. Piensa en Kevin, el idolatrado. Cuando tomó aire y abrió la boca, la pregunta esencial que se hizo fue: «¿Cómo puedo ser sincero con Cristian al cien por cien, y al mismo tiempo ser respetuoso al cien por cien?»

Después de esta relevante reunión, empezamos a buscar más gente como Kevin, y los encontramos por todo el mundo. Los hallamos en la industria, el gobierno, el mundo académico y las organizaciones sin ánimo de lucro. Fueron bastante fáciles de localizar porque casi siempre estaban entre los empleados más influyentes de sus organizaciones. Ellos no sólo se negaban a optar por la Alternativa del Tonto, sino que además actuaban con bastante más habilidad que sus colegas de múltiples maneras.

Pero ¿qué era lo que hacían exactamente? Kevin no era *tan* diferente. Él dio su opinión en un asunto difícil y ayudó a que el equipo tomara una decisión mejor, pero ¿tenía más de mágico que de razonable lo que hizo? ¿Podían los demás aprender de ello?

Para responder a estas preguntas, empecemos analizando lo que Kevin fue capaz de *lograr*. Eso nos ayudará a ver adónde tratamos de llegar. Luego, examinaremos las herramientas de diálogo que los comunicadores eficaces utilizan rutinariamente y aprenderemos a aplicarlas a nuestras conversaciones cruciales.

EL DIÁLOGO

Si hablamos de conversaciones emocionales, conflictivas y arriesgadas, las personas que manejan el diálogo con habilidad encuentran la manera de sacar a la luz toda la información relevante (de sí mismos y de los demás).

De eso se trata. En el núcleo de cada conversación exitosa yace el libre flujo de información relevante. Las personas expresan sus opiniones abierta y sinceramente, comparten sus sentimientos y articulan sus teorías. Comparten sus puntos de vista con buena disposición y con la debida competencia, incluso cuando sus ideas son polémicas o poco populares. Ese es «el único detalle», y eso es lo que eran capaces de conseguir de manera habitual Kevin y otros comunicadores sumamente eficaces que estudiamos.

Ahora bien, para colocarle una etiqueta a este espectacular talento, llamémosle diálogo.

diálogo *s*. Libre flujo de significados entre dos o más personas.

Ahora bien, aunque sabemos lo que las personas como Kevin están tratando de lograr, aún nos quedan dos preguntas. Primero, ¿cómo lleva este libre flujo de significados al éxito? Y segundo, ¿qué podemos hacer para favorecer que el significado fluya libremente?

Explicaremos la relación entre el libre flujo de significados y el éxito aquí y ahora mismo. La respuesta a la segunda pregunta (¿qué debemos hacer para lograr el diálogo en lugar de optar por la Alternativa del Tonto, sean cuales fueren las circunstancias) nos llevará el resto de este libro responderla.

Para llenar el Fondo de Significados Compartidos

Todos entablamos conversaciones con nuestras propias opiniones, sentimientos, teorías y experiencias sobre el tema del que se trate. Esta combinación única de ideas y sentimientos configura nuestro personal fondo de significados. Dicho fondo no sólo nos procura información sino que también impulsa cada uno de nuestros actos.

Cuando dos o más personas entablamos una conversación *crucial*, por definición no compartimos el mismo fondo. Nuestras opiniones divergen. Yo creo una cosa, usted otra. Yo tengo una historia, y usted otra.

Las personas que se manejan con habilidad en el diálogo hacen todo lo posible para que todos puedan agregar su significado al fondo *compartido*, incluso ideas que a primera vista parecen polémicas, equivocadas o en contradicción con sus propias creencias. Ahora bien, es evidente que no están de acuerdo con todas las ideas. Simplemente hacen lo posible para garantizar que todas las ideas encuentren su voz.

A medida que el Fondo de Significados Compartidos crece, ayuda a las personas en dos sentidos. En primer lugar, cuando los individuos se ven expuestos a información más precisa y relevante, adoptan mejores decisiones. En un sentido muy real, el Fondo de Significados Compartidos es una medida del coeficiente intelectual del grupo. Cuanto más amplio sea el fondo compartido, más inteligentes serán las decisiones. Y aunque muchas personas puedan participar en una decisión, cuando comparten abierta y libremente sus ideas, la mayor inversión de tiempo se ve más que recompensada por la calidad de la decisión.

Por otro lado, hemos visto lo que ocurre cuando el fondo compartido es peligrosamente poco profundo. Cuando las personas deliberadamente se guardan los significados para sí, las personas individualmente inteligentes pueden cometer errores colectivos *estúpidos*.

Por ejemplo, uno de nuestros clientes nos contó la siguiente experiencia.

Una mujer ingresó en un hospital para que le operaran de las amígdalas, y el equipo quirúrgico le amputó por error una parte del pie. ¿Cómo pudo suceder esta tragedia? En realidad, ¿cómo se explican las casi 200 000 muertes hospitalarias al año en Estados Unidos debidas a errores humanos?[1] En parte, porque muchos profesionales de la salud tienen miedo a decir lo que piensan. En este caso, hubo al menos siete personas que se preguntaron por qué el cirujano intervenía el pie de la paciente, pero no lo manifestaron. El significado no fluyó libremente porque los involucrados tenían miedo de expresar lo que pensaban.

Desde luego, los hospitales no tienen el monopolio del miedo. En todos los casos en que los jefes son inteligentes, reciben un sueldo abultado, son seguros de sí mismos y polémicos (es decir, la mayoría de los casos), las personas tienden a guardarse sus opiniones en lugar de arriesgarse a irritar a alguien en una posición de poder.

Por otro lado, aun cuando las personas se sienten cómodas y la expresión de las ideas y de significados fluye libremente, el fondo compartido puede aumentar espectacularmente la capacidad de un grupo para adoptar mejores decisiones. Pensemos en lo que sucedió con el grupo de Kevin. Cuando todos en el equipo comenzaron a explicar su opinión, cada uno se formó un cuadro más claro y completo de las circunstancias.

Cuando comenzaron a entender los porqués de diferentes propuestas, trabajaron a partir de las aportaciones del otro. A la larga, en la medida en que una idea conducía a la siguiente, y luego a la siguiente, idearon una alternativa en la que nadie había pensado originalmente y que todos apoyaron sin reservas. El resultado del libre flujo de significados, el todo (la decisión final) fue verdaderamente superior a la suma de las partes originales. En resumen:

*El Fondo de Significados Compartidos
es el caldo de cultivo de la sinergia.*

Un fondo compartido no sólo ayuda a los individuos a adoptar mejores decisiones, sino que, puesto que el significado es *compartido*, las personas se pronuncian de buen grado sobre cualquiera que sea la decisión que se tome, tanto con uniformidad como con convencimiento. Cuando las personas están presentes en una discusión abierta donde se comparten las ideas, participan del libre flujo de significados. Finalmente, entienden por qué la solución compartida es la mejor, y se sienten comprometidos a actuar. Por ejemplo, Kevin y otros vicepresidentes no se inclinaron por la decisión final simplemente porque se sentían involucrados. Se inclinaron por ella porque lo entendieron.

Y al contrario, cuando las personas no participan, cuando se quedan sentadas en silencio durante conversaciones delicadas, rara vez se sienten comprometidas con la decisión final. Puesto que se guardan sus ideas y sus opiniones, jamás llegan a constituir parte del fondo, acaban criticando en silencio, y resistiéndose pasivamente. Y, lo que es aún peor, cuando otros imponen sus ideas al fondo, a los participantes les cuesta más aceptar la información. Puede que digan que están de acuerdo con la decisión final, pero luego se despiden y acatan las decisiones con poco entusiasmo. Para citar a Samuel Butler: «Aquel que acata contra su voluntad sigue teniendo su propia opinión».

El tiempo que dedicamos a crear un fondo de significados compartidos se ve más que compensado por acciones más ágiles, uniformes y comprometidas en el futuro.

Por ejemplo, si Kevin y los otros ejecutivos no hubiesen estado comprometidos con su decisión para una nueva localización, se podrían haber producido graves consecuencias. Algunas personas habrían accedido a mudarse, otros lo habrían hecho a forzados, otros habrían sostenido acaloradas discusiones en los pasillos y otros habrían guardado silencio y en silencio habrían combatido el proyecto. Es muy probable que el equipo hubiera tenido que volver a reunirse, a discutir y a decidir, puesto que sólo una persona estaba a favor de la decisión final, una decisión que afectaba a todos.

Que no se nos entienda mal. No pretendemos sugerir que haya que tomar todas las decisiones por consenso o que el jefe no deba participar en la decisión final o incluso adoptarla. Sólo estamos sugiriendo que sea cual sea el método de toma de decisiones, cuanto más rico sea el significado compartido del fondo, más sólida será la decisión final, mayor la uniformidad y más fuerte la convicción, independientemente de quien la tome.

Cada vez que discutimos, polemizamos, nos retraemos o actuamos de cualquier otro modo que sea ineficaz, es porque no sabemos cómo compartir el significado. En lugar de participar de un diálogo sano, nos dedicamos a maniobras insensatas y costosas.

Por ejemplo, a veces optamos por el silencio. No hacemos más que saludar y no decimos palabra. Es decir, no nos enfrentamos a las personas en posiciones de autoridad. A veces, en casa aplicamos la ley del hielo. Con esta desagradable técnica, damos la espalda a nuestros seres queridos pretendiendo que nos traten mejor (¿qué hay de lógico en ese comportamiento?)

A veces recurrimos al humor mordaz, las indirectas, sarcasmos, insinuaciones y miradas de desprecio para expresar lo que pensamos. Nos hacemos los mártires y luego fingimos que realmente intentamos colaborar. Ante el miedo de enfrentarnos a un individuo, culpamos a todo un equipo por un determinado problema, esperando que el mensaje alcance el blanco indicado. Cualquiera que sea la técnica, el método general es el mismo. Nos evadimos de aportar significado al fondo. Optamos por el silencio.

En otras ocasiones, al no saber cómo seguir dialogando, tratamos de introducir nuestro significado en el fondo por la fuerza. Recurrimos a la violencia, cualquier cosa desde la sutil manipulación hasta las agresiones verbales. Actuamos como si lo supiéramos todo, esperando que los demás crean nuestros argumentos. Desacreditamos a otros, esperando que los demás no crean sus argumentos. Y luego, utilizamos todo tipo de medidas de fuerza para conseguir lo que queremos o incluso herir a la gente. Tomamos prestada una porción de poder al jefe; atacamos a las personas con monólogos sesgados; hacemos comentarios hirientes. Desde luego, el objetivo siempre es el mismo, a saber, imponer a otros nuestro punto de vista.

He aquí cómo los diversos elementos encajan unos con otros. Cuando hay valiosos elementos en juego, las opiniones difieren y las emociones son intensas, solemos manifestar lo peor de nosotros mismos. Para encontrar lo mejor de nosotros, tenemos que descubrir una manera de explicar cuál es el contenido de nuestros fondos personales de significados, sobre todo nuestras opiniones, sentimientos e ideas delicadas y polémicas. También tenemos que encontrar una manera de que otros compartan sus propios fondos. Tenemos que desarrollar las herramientas que nos permitan conversar sobre estos temas tranquilamente y alcanzar un fondo de significados *compartidos*. Cuando eso sucede, nuestras vidas cambian.

LAS HABILIDADES DEL DIÁLOGO SE PUEDEN APRENDER

Y ahora vienen las buenas noticias. Las habilidades requeridas para dominar las interacciones donde hay importantes elementos en juego son fáciles de identificar y relativamente fáciles de aprender. En primer lugar, pensemos en el hecho de que una conversación crucial bien manejada hará cualquier cosa excepto volverse en contra nuestra. En realidad, cuando vemos entrar a alguien en aguas peligrosas donde hay importantes factores en juego, emociones intensas y discusiones polémicas (y que esa persona lo hace especialmente bien) nuestra reacción natural es mostrar nuestro asombro. «¡Vaya!» Por lo general, es la primera palabra que se nos escapa. Lo que comenzó sólo como una discusión sin futuro acaba con una sana resolución. Es capaz de dejarnos sin aliento.

Aún más importante, no sólo se pueden identificar fácilmente las habilidades para el diálogo, sino que también es relativamente fácil aprenderlas. Ése es nuestro siguiente destino. Hemos aislado y capturado las habilidades de las personas dotadas para el diálogo a lo largo de veinticinco años de investigación ininterrumpida. Al comienzo, seguimos a Kevin y a docenas de otros como él. Después, cuando las conversaciones se volvieron críticas, tomamos notas detalladas. Después, comparamos nuestras observaciones, pusimos a prueba nuestras hipótesis y afinamos nuestros modelos hasta que encontramos las habilidades que explican sistemáticamente el éxito de los comunicadores brillantes. Finalmente, combinamos nuestras filosofías, teorías, modelos y habilidades hasta elaborar un paquete de herramientas que se pueden enseñar, herramientas para dialogar cuando hay valiosos elementos en juego. Luego, enseñamos esas habilidades y observamos cómo los principales indicadores del rendimiento y las relaciones mejoraron. Ahora estamos preparados para compartir lo que hemos aprendido. Siga leyendo con nosotros mientras analizamos cómo transformar las conversaciones cruciales de episodios de temor en interacciones que producen éxitos y resultados tangibles. Es el conjunto de habilidades más importante que jamás encontrará de nuevo.

Mi conversación crucial: Bobby R.

Mi conversación crucial empezó la noche previa a ser destacado por primera vez a Irak en 2004. Había mucha tensión entre los miembros de mi familia a causa de sucesos anteriores y puntos de vista antagónicos. El estrés por mi partida para el combate no hizo más que aumentar la tensión. Aquella noche, una pregunta bien intencionada aunque cargada de profundas implicaciones de mi padre hizo que me enfureciera. Mi reacción durante las siguientes dos horas inició una crisis imparable que afectó a toda la familia. Hermanos, primos, tías, tíos, padres, hijos y abuelos... todos tomaron partido.

Mis vínculos familiares siguieron desmoronándose mientras comandaba un pelotón de soldados por las calles de Bagdad. Mi esposa estaba sola en casa con nuestro hijo de un año y embarazada del segundo. Durante mi período de servicio, nuevos encuentros familiares sólo contribuyeron a empeorar la situación, y cuando regresé a casa después de catorce meses en combate, lo hice para encontrarme con una familia completamente destrozada. El silencio entre mi padre y yo se prolongó durante cinco años más.

Conversaciones Cruciales salvó mi relación con mi padre. Un vecino que es formador de Conversaciones Cruciales me invitó a que asistiera a sus clases antes de mi tercer período de servicio en Irak. Un par de semanas antes de ser destacado me puse en contacto con mi padre para darle noticias de los dos niños que no conocía todavía e informarle de que partía de nuevo para el combate. Le dije que no podría cometer el mismo error que había cometido cinco años antes, y quedamos en vernos.

Durante un hermoso atardecer mi padre y yo pasamos tres tensas horas en una terraza lidiando con mucho dolor y resentimiento acumulado. Tuve presente en todo momento lo que me habían enseñado y, en lugar de echar mano de una franqueza condescendiente, hice todo lo posible por crear las condiciones para que ambos pudiéramos ser sinceros y respetuosos. Fue increíblemente difícil. A veces, la sinceridad amenazó con instalarnos de nuevo en el estado de furia que nos había llevado hasta allí. Pero me mantuve centrado en lo que realmente quería: restablecer las relaciones con mi familia.

Al terminar la conversación, nos reunimos con mi madre para cenar. Ella había sido la que más había sufrido por mi cólera del pasado y tenía sus dudas acerca de que no siguiera siendo el chico arrogante, rencoroso, sarcástico y replicón de mi juventud. Aun así, y dado que mi padre había valorado mi respeto, remordimiento y evidente demostración de lograr un Objetivo Común, me dio una oportunidad. Aunque nos quedan cosas por hablar, ahora tengo una relación cariñosa con mi esposa, mis cuatro hijos y mis padres. Hemos acordado no hundir nuestras preocupaciones en el silencio nunca más.

Atribuyo la relación que tengo hoy día al éxito de aquella conversación crucial en la terraza. Si no hubiera puesto en práctica lo que había aprendido, la relación con mis padres habría muerto a causa de la ira y la indiferencia. Y esa conversación tuvo lugar gracias a un amigo que me inició en Conversaciones Cruciales.

BOBBY R.

¿HACIA DÓNDE NOS DIRIGIMOS?

Durante el resto del libro analizaremos las herramientas que las personas utilizan para ayudar a crear las condiciones del diálogo. Se trata de centrarse en cómo pensamos las situaciones problemáticas y qué hacer para prepararnos para ellas. A medida que trabajemos con nosotros mismos, es necesario permanecer atentos a los problemas, analizar nuestros propios procesos mentales, descubrir nuestros propios estilos y abordar los problemas antes de que escapen a nuestro control, y todos saldrán beneficiados. A medida que continúe leyendo, *aprenderá a crear condiciones en sí mismo y en otros que hacen del diálogo el camino de la menor resistencia.*

A continuación, analizaremos las herramientas para hablar, escuchar y actuar juntos. Esto es lo que la mayoría de las personas tienen en mente cuando piensan en conversaciones cruciales. ¿Cómo expresar una respuesta delicada? ¿Cómo hablar de forma persuasiva, no avasalladora? ¿Y qué hay respecto a escuchar a los demás? O, mejor aún, ¿qué podemos hacer para que las personas hablen cuando parecen nerviosas? ¿Y cómo pasamos de la idea a la acción? Conforme continúe leyendo, *aprenderá las habilidades clave de hablar, escuchar y actuar juntos.*

Por último, reuniremos todas las teorías y habilidades proporcionando un modelo y un ejemplo extenso. Luego, para constatar si usted es capaz de coger el toro por los cuernos, presentaremos diecisiete situaciones que a la mayoría nos provocarían urticaria, incluso a personas dotadas para el diálogo. A medida que continúe leyendo, *dominará las herramientas para hablar cuando hay importantes factores en juego.*

3

> *Habla cuando estés furioso y harás el mejor discurso que tengas que lamentar.*
>
> AMBROSE BIERCE

Empezar por el corazón

Cómo mantenernos centrados en lo que realmente queremos

Ha llegado la hora de afrontar el *cómo* del diálogo. ¿Cómo estimulamos el flujo de significados ante las opiniones divergentes y las emociones intensas? Si pensamos en el historial de una persona normal y corriente, no parece tan fácil. En realidad, dado que el estilo de la mayoría de la gente se basa en hábitos arraigados, es probable que se requiera un gran esfuerzo. La verdad es que las personas sí pueden cambiar. En realidad, hemos formado en esas habilidades a millones de personas de todo el mundo y hemos asistido a mejorías espectaculares en los resultados y las relaciones. Pero esto requiere un esfuerzo. No podemos bebernos simplemente una poción mágica y salir cambiados. En su lugar, tendremos que lanzar una larga y penetrante mirada sobre nosotros mismos.

De hecho, éste es el primer principio del diálogo. Empezar por el corazón. Es decir, nuestro propio corazón. Si no nos podemos encontrar a nosotros mismos, experimentaremos dificultades para tener éxito en el diálogo. Cuando las conversaciones se vuelvan críticas, recurriremos a las formas de comunicación con las que nos hemos formado toda la vida: la discusión, el enfrentamiento silencioso, la manipulación, etcétera.

PRIMERO CONVENCERME, LUEGO CONVENCERNOS

Comencemos con una historia verdadera. Dos hermanas pequeñas y su padre vuelven a su habitación de hotel después de pasar una calurosa tarde en Disneylandia. Dado el horrible calor, las chicas han consumido cantidades enormes de bebidas. Cuando las dos entran en su habitación, sólo piensan en una cosa: ir directamente al baño.

Dado que el baño cuenta con un solo retrete, no tarda en estallar una trifulca. Las dos niñas desesperadas empiezan a discutir, a empujarse y a insultarse mientras se mueven dentro del diminuto baño. Finalmente, una de ellas llama al padre para pedir ayuda.

—Papá, ¡yo llegué primero!

—Ya lo sé, pero yo tengo que ir antes.

—¿Cómo lo sabes? No eres dueña de mi cuerpo. ¡Ni siquiera fui esta mañana antes de salir!

—Eres una egoísta.

Papá propone un plan.

—Chicas. Yo no voy a solucionar este problema por ustedes. Pueden quedarse en el baño y llegar a un acuerdo sobre quién entra antes y quién después. Sólo hay una regla. Nada de golpes.

Mientras las dos chicas, impacientes, dan rienda suelta a su conversación crucial, el padre mira su reloj. Se pregunta cuánto tardarán. A medida que los minutos pasan lentamente, no oye más que el estallido ocasional de algún sarcasmo. Finalmente, después de veinticinco largos minutos, oye el flujo de agua en el inodoro. Sale una de las chicas. Un minuto más tarde, vuelve a sonar el retrete y sale su hermana. Cuando las dos están en la habitación, papá pregunta:

—¿Saben cuántas veces podrían haber ido las dos al baño durante el tiempo que tardaron en discutirlo?

A las pequeñas no se les había ocurrido. El padre las sondea un poco más.

—¿Por qué tardaron tanto las dos en utilizar el baño?

—¡Porque ella siempre es muy egoísta!

—Mira quién habla. A *mí* me insulta cuando era *ella* la que podría haberse esperado. ¡Siempre se tiene que salir con la suya!

Las dos chiquillas afirmaban que lo que más deseaban era ir al baño, pero luego, de la manera en que se comportaron, sólo lograron que usar el inodoro fuera poco más que un sueño lejano.

Y ése es el primer problema al que nos enfrentamos en nuestras conversaciones cruciales. Nuestro problema no es que nuestra conducta degenere; son nuestros motivos los que lo hacen, una circunstancia que solemos pasar por alto.

Así que el primer paso para alcanzar los resultados que *realmente* deseamos consiste en solucionar el problema de creer que los demás son la fuente de todo eso que nos aflige. Es nuestro dogmático convencimiento de que «si pudiéramos ajustarles las cuentas a esos fracasados, todo iría mejor» lo que nos impide tomar las medidas que podrían conducirnos al diálogo y el progreso. Razón por la cual no es ninguna sorpresa que las personas mejor dotadas para el diálogo tiendan a darle la vuelta a esta lógica. Ellas creen que la mejor manera de convencer «a los otros» es empezar por convencerse «a sí mismas».

¡NO *ME* MIRES!

A pesar de que es verdad que a veces somos meros observadores en el flujo interminable de choques frontales que nos depara la vida, rara vez somos completamente inocentes. La mayoría de las veces hemos hecho algo para contribuir a los problemas que vivimos.

Las personas que mejor se manejan dialogando comprenden esta sencilla verdad y la convierten en un principio: «Primero tengo que ocuparme de mí». No sólo se dan cuenta de que se beneficiarán al mejorar su propia perspectiva, sino también de que son la única persona de la que, en cualquier caso, se pueden ocupar. Aun cuando es posible que otros necesiten cambiar, o *queramos* que cambien, la única persona a quien podemos inspirar constantemente, a quien podemos indagar y moldear, con algún grado de éxito, es a la persona del espejo.

Hay una cierta paradoja inscrita en esta verdad. Las personas que creen que tienen que ocuparse de sí mismas hacen precisamente eso. Cuando trabajan consigo mismas, también se convierten en las más diestras en el diálogo. He aquí la paradoja. Son los más talentosos, no los menos talentosos, quienes intentan permanentemente mejorar sus habilidades en el diálogo. Como suele suceder, los ricos se vuelven más ricos.

EMPEZAR POR EL CORAZÓN

De acuerdo, supongamos que tenemos que trabajar en nuestras propias habilidades para el diálogo. En lugar de comprar este libro y pasárselo a un ser querido o a un colega diciendo: «Te fascinará, especialmente las partes que he subrayado para ti», intentamos descubrir cómo podemos sacar algún provecho nosotros mismos. Pero ¿cómo? ¿Por dónde empezamos? ¿Cómo podemos mantenernos a salvo de los juegos destructivos?

A pesar de que es difícil describir el orden específico de los acontecimientos en una interacción tan fluida como una conversación crucial, sabemos que una cosa es cierta. Las personas que poseen las habilidades empiezan por el corazón. Es decir, entablan conversaciones de alto riesgo con los motivos adecuados y permanecen centrados sin importar lo que suceda.

Se mantienen centrados de dos maneras. En primer lugar, son sumamente atinados cuando se trata de saber lo que quieren. A pesar de las constantes invitaciones para desviarse de sus objetivos, perseveran. En segundo lugar, las personas que manifiestan su habilidad no toman decisiones tontas (decisiones del tipo «o esto o lo otro»). A diferencia de otros que justifican su comportamiento inadecuado explicando que no tenían otra alternativa que pelear o huir, las personas que se manejan en el diálogo creen que éste, sin importar las circunstancias, siempre es una alternativa.

Examinemos cada uno de estos importantes supuestos relacionados con el corazón.

UN MOMENTO DE VERDAD

Para entender cómo los deseos de nuestros corazones pueden influir en nuestra capacidad para seguir dialogando, analicemos un ejemplo de la vida real.

Greta, la directora general de una empresa de tamaño medio, se encuentra desde hace dos horas en una reunión más bien tensa con sus principales ejecutivos. Durante los últimos seis meses se ha lanzado a una campaña personal para reducir costos (costes). Hasta el momento, se ha logrado poca cosa, de modo que Greta convoca la reunión. Está segura de que el personal le explicará por qué no han comenzado a reducir costos. Al fin y al cabo, ella se ha esforzado al máximo para fomentar la sinceridad.

Greta acaba de dar por empezada la reunión con una ronda de preguntas cuando uno de los ejecutivos se levanta, busca algo, mira al suelo y luego, nervioso pregunta si puede formular una pregunta muy delicada. La manera en que esta persona destaca la palabra *muy* suena como si estuviera a punto de acusarla

61

a ella de coordinar un atentado terrorista de gran magnitud. El ejecutivo, nervioso, continúa:

—Greta, nos has perseguido durante seis meses para que encontremos maneras de reducir costos. Mentiría si dijera que te hemos dado algo más que indiferencia. Si no te importa, me gustaría hablarte acerca de algo que nos está dificultando la reducción de costos.

—Estupendo. Cuéntamelo —dice Greta, y le devuelve una sonrisa.

—Pues bien, mientras tú nos pides que utilicemos el papel por los dos lados y que renunciemos a las mejoras, tú te estás construyendo un segundo despacho.

Greta se queda paralizada y se sonroja. Todos se quedan mirando para ver qué sucederá a continuación. El ejecutivo sigue:

—Los rumores dicen que sólo los muebles costarán unos ciento cincuenta mil dólares. ¿Es verdad eso?

Y ya está. La conversación se acaba de convertir en una crítica. Alguien acaba de aportar un rumor más bien desagradable al fondo de significados. ¿Seguirá Greta estimulando respuestas sinceras por parte de sus subordinados o les hará callar?

Decimos que ésta es una conversación crucial porque la manera en que actúe Greta no sólo determinará las actitudes de las personas con respecto a la propuesta de reducir costos, sino que también tendrá un gran impacto en lo que los otros ejecutivos piensan de ella. ¿Se decidirá por el camino de la transparencia y la sinceridad? ¿O se trata de una hipócrita consumada, como tantos directores generales que la precedieron?

¿Actúa como si deseara qué?

Mientras observamos a Greta, algo muy sutil aunque muy importante tiene lugar. Es algo que les pasa desapercibido a la mayoría de las personas que están en la sala, aunque desde nuestro asiento en la primera fila casi se puede palpar. Greta aprieta las mandíbulas. Se inclina hacia adelante y se aferra al lado izquierdo de la silla con la fuerza suficiente para que los nudillos se le pongan blancos. Levanta la mano derecha, apuntando con el dedo al autor de la pregunta como si fuera un arma cargada. Ella todavía no ha dicho nada, pero es evidente lo que se propone. Su motivación ha pasado claramente de tomar la decisión correcta a algo bastante menos noble.

Al igual que la mayoría de las personas en circunstancias parecidas, Greta ya no tiene como objetivo el recorte de los gastos, y ahora su atención se ha vuelto hacia el recorte de plantilla, empezando por un empleado en particular.

Cuando nos vemos atacados, nuestro corazón puede dar un giro igual de repentino e inconsciente. Cuando nos enfrentamos a opiniones firmes bajo presión, solemos dejar de preocuparnos por el objetivo de sumar al fondo de significados y empezamos a buscar la manera de ganar, castigar o mantener la paz.

Ganar. Este asesino de diálogos en concreto se encuentra al comienzo de muchas listas que hemos elaborado. Sólo Dios sabe que llegamos a esta mortífera pasión de manera bastante natural. La mitad de los programas de televisión que vemos pintan como héroes a personas que ganan en los deportes o en los concursos televisivos. A los diez minutos de haber llegado a la escuela pre-primaria, aprendemos que si queremos llamar la atención de la maestra tenemos que dar la respuesta correcta. Eso significa que tenemos que ganar a nuestros compañeros en el mismo juego. Este deseo de ganar está muy arraigado en nosotros antes de que hayamos crecido lo suficiente para saber qué está pasando.

Lamentablemente, a medida que envejecemos, la mayoría no nos damos cuenta de que este afán de ganar nos está alejando permanentemente de un diálogo sano. Comenzamos con el objetivo de resolver un problema, pero en cuanto alguien levanta la bandera roja de la imprecisión o desafía nuestra corrección, cambiamos de objetivo en un abrir y cerrar de ojos.

Primero corregimos los hechos. Nos detenemos en pequeños detalles y señalamos defectos en los argumentos de la otra persona: «¡Te equivocas! La cifra que estamos gastando no llega ni a los ciento cincuenta mil dólares en muebles. Eso es lo que cuesta el nuevo diseño del despacho, no los muebles.»

Desde luego, a medida que los otros pierden terreno, intentando demostrar sus propios argumentos, no tardaremos en cambiar del objetivo de corregir errores por el objetivo de ganar. Si alguien duda de esta simple afirmación, pensemos en las dos niñas impacientes mientras se disputaban el pequeño lavabo. Su objetivo original era bastante sencillo: aliviarse. Pero pronto, atrapadas en su propio juego doloroso, ninguna de las dos dio su brazo a torcer y se abocaron a lo que fuera necesario para ganar, aunque aquello les provocara una buena dosis de malestar personal.

Castigar. A veces, cuando nuestra rabia aumenta, en lugar de querer vencer en un determinado argumento, deseamos causarle daño a la otra persona. Preguntemos a Greta. «¡Al diablo con la sinceridad en la comunicación! —piensa para sí misma—. Ya le enseñaré a ese imbécil a no atacarme en público.» Finalmente, cuando las emociones llegan a su punto álgido, nuestro objetivo se desvirtúa completamente. Nos alejamos tanto del reflejo de aportar significados al fondo que lo único que nos importa es ver sufrir a otros.

«No puedo creer que me estés acusando de malgastar dinero en un despacho que no necesita reformas. Ahora bien, si nadie más tiene preguntas inteligentes, ¡continuemos!»

Todo el mundo inmediatamente se queda callado y mira al suelo. El silencio es ensordecedor.

Mantener la paz. Desde luego, no siempre culpamos a otros de los errores, no siempre los desacreditamos agresivamente ni intentamos hacerles sufrir despiadadamente. A veces nos inclinamos antes por la seguridad personal que por el diálogo. En lugar de contribuir al fondo de significados, lo cual probablemente significa crear olas por el camino, votamos por el silencio. Nos sentimos tan incómodos con el conflicto inmediato que aceptamos la *certidumbre* de los malos resultados para evitar la posibilidad de una conversación incómoda. Elegimos (al menos mentalmente) la paz antes que el conflicto. Si esto hubiera sucedido en el caso de Greta, nadie habría expresado sus inquietudes acerca del nuevo despacho, ella nunca se habría enterado del verdadero problema, y los empleados habrían continuado trabajando de mala gana.

VitalSmarts· Complicada evaluación de rendimiento

El autor Al Switzler le presenta otro divertido video de VitalSmarts. Vea cómo Melanie enfoca una evaluación de rendimiento con un informe directo. ¿Qué motivo podría afectar a su capacidad para mantener un diálogo si no tiene cuidado?

Para ver este vídeo, visite www.CrucialConversations.com/exclusive.

PRIMERO, CENTRARSE EN LO QUE REALMENTE DESEAMOS

En realidad, Greta no cedió a su poderoso deseo de defenderse. Casi tan pronto como su dedo se levantó cual pistola cargada, volvió a caer junto al costado. Su cara se relajó. Al principio pareció ofendida, avergonzada y quizás incluso un poco molesta. Luego respiró hondo y dijo:

—¿Saben una cosa? Tenemos que hablar de esto. Me alegro de que me hayas hecho la pregunta. Gracias por asumir el riesgo. Agradezco la confianza que demuestras.

¡Caray! Nos quedamos impresionados. En cuestión de segundos pasó de ser un enemigo peligroso a una compañera curiosa.

A partir de ese momento, habló sinceramente. Reconoció la aparente hipocresía de hablar de recortes de costos mientras gastaba el dinero en un nuevo despacho. Admitió que no sabía lo que costaría el proyecto y le pidió a alguien que abandonara la reunión y fuera a verificar las cifras. Explicó que la construcción del despacho era una respuesta a un consejo de marketing para mejorar la imagen de la empresa y aumentar la confianza de los clientes. Y si bien *utilizaría* el despacho, sería principalmente como lugar de reunión.

«Pero», añadió, «yo no he gestionado este proyecto con tanto rigor como les he venido pidiendo que ustedes lo hagan con sus proyectos, lo cual es una hipocresía.»

Cuando vio las cifras correspondientes a las obras, se quedó asombrada y reconoció que debería haber verificado los costos antes de firmar el contrato.

A eso le siguió un diálogo maravillosamente sincero en el que diversos asistentes a la reunión expresaron sus opiniones acerca de la pertinencia del proyecto. Al final, acordaron seguir adelante, pero reduciendo los costes a la mitad o cancelando el proyecto íntegramente.

Mientras los demás participaban en esta conversación crucial, los que analizábamos la interacción estábamos pensando en algo completamente diferente. Nos preguntábamos qué le había pasado a Greta. ¿Cómo era capaz de mantener —Cavilábamos—, de mantener la compostura de esa manera bajo el fuego enemigo? Y más concretamente, ¿cómo había pasado con tanta rapidez de querer ajustar cuentas o incluso humillar al autor de la pregunta a solicitar encarecidamente sugerencias?

Más tarde aquel día le preguntamos a Greta por esa transformación. Queríamos saber exactamente qué había sucedido en su cabeza. ¿Qué le había permitido pasar de un sentimiento de vergüenza e irritación a la gratitud?

—Fue fácil —respondió ella—. Al comienzo, es verdad que me sentí atacada y quería devolver el golpe. Para ser sincera, quería poner a ese tipo en su lugar. Me estaba acusando en público y estaba equivocado. Pero entonces caí en la cuenta de que, a pesar de que tenía doscientos pares de ojos clavados en mi persona, había surgido en mí una pregunta bastante importante que me impactó como una tonelada de ladrillos: «¿Qué es lo que *realmente* deseo?»

Esta pregunta tuvo un poderoso efecto en la manera de pensar de Greta. Al centrarse en una cuestión mucho más importante, no tardó en darse cuenta de que su objetivo consistía en estimular a aquellos doscientos directivos para que realizaran un esfuerzo de reducción de costos y, por lo tanto, a que inculcaran el mismo hábito en miles de personas.

Cuando pensó en este objetivo, se dio cuenta de que el principal obstáculo con el que se enfrentaba era la opinión generalizada de que se comportaba como una hipócrita. Por un lado, pedía sacrificios a los demás. Por el otro, al parecer estaba gastando fondos discrecionales para su propio bienestar. Fue en ese momento que dejó de sentirse avergonzada o irritada y se sintió agradecida. Curiosamente, al transformar sus motivaciones transformó al mismo tiempo la manera en que veía al hombre que había hecho la pregunta. Mientras que unos segundos antes ese individuo le daba el aspecto de un enemigo, cuando sus motivaciones de Greta cambiaron, ahora lo veía como un aliado. De hecho, aquel hombre acababa de proporcionarle la oportunidad de influir en la audiencia, al permitirle públicamente afrontar una fuente de oposición a la iniciativa de recortar los costes. Fue entonces cuando decidió adoptar la vía del diálogo.

Greta nos enseñó que una pequeña intervención mental —el sencillo acto de hacer una pregunta contundente— puede tener un poderoso efecto sobre la reorientación de nuestros corazones.

Vuelva a centrar sus ideas. Pensemos ahora en una situación que podríamos vivir. Estamos conversando con alguien que está en completo desacuerdo con nosotros sobre un tema candente. ¿Cómo se aplica todo este asunto de los objetivos? Cuando comencemos la conversación, empecemos por analizar nuestras motivaciones. Al entrar en el tema, preguntémonos lo que realmente deseamos.

Por otro lado, a medida que evoluciona la conversación y comenzamos a decir que sí al jefe o a ignorar a nuestro cónyuge, prestemos atención a lo que pasa con nuestros objetivos. ¿Acaso está intentanto cambiar su objetivo para evitar un daño, evitar una situación embarazosa, ganar, tener razón o sancionar a otros? Ésta es la parte delicada. Nuestros motivos suelen cambiar sin ningún pensamiento consciente por parte nuestra. Cuando la adrenalina piensa por nosotros, nuestros motivos se dejan llevar por la marea química.

Con el fin de volver a los motivos que propician el diálogo, debemos distanciarnos de la interacción y mirarnos a nosotros mismos, a la manera de un observador externo. Pregúntese: «¿Qué estoy haciendo y, si tuviera que especular, qué me dice acerca de mi motivación subyacente?» Cuando realizamos un verdadero esfuerzo para descubrir nuestro motivo, es posible que lleguemos a la conclusión siguiente: «Veamos. Estoy presionando mucho, estoy forzando el argumento más allá de mis verdaderas convicciones y recurriendo a cualquier artimaña para ganar. He cambiado mi objetivo de intentar elegir un lugar de vacaciones por el de intentar ganar en una discusión».

Cuando pensamos en los deseos cambiantes del corazón, podemos tomar decisiones conscientes para cambiarlos: «Lo que realmente deseo es intentar elegir un lugar de vacaciones del que todos podamos disfrutar, en vez de intentar ganarme a los otros para que apoyen mis ideas». Dicho brevemente, cuando entendemos la naturaleza del juego, podemos dejar de jugar.

Pero ¿cómo? ¿Cómo entender lo que nos ha sucedido, cómo dejar de recurrir a trucos e influir en nuestros propios motivos? Imitemos a Greta. Detengámonos y formulemos algunas preguntas que nos devuelvan al diálogo. Podemos formularlas cuando estamos abandonando los lindes del diálogo o como recordatorios cuando nos disponemos a sostener una conversación crucial. He aquí las poderosas preguntas:

¿Qué deseo realmente para mí mismo?

¿Qué deseo para otros?

¿Qué deseo realmente para la relación?

Cuando nos hayamos preguntado qué deseamos, agreguemos una pregunta igualmente decisiva:

¿Cómo me comportaría si realmente deseara estos resultados?

Cómo orientarse. Hay dos buenas razones para formular estas preguntas. En primer lugar, la respuesta a lo que realmente deseamos nos ayuda a no perder el norte. A pesar de que nos vemos tentados a escoger el camino indebido, 1) por personas que intentan desatar un conflicto, 2) por miles de años de conformación genética que llevan rápidamente nuestras emociones al punto de ebullición y, 3)por nuestro hábito tan arraigado de intentar salir vencedores, no debemos alejarnos de nuestro objetivo original.

«¿Qué deseo realmente? Desde luego, supongo que no se trata de hacer sufrir a la otra persona ni de jactarse ante una multitud. Deseo que las personas hablen libre y abiertamente acerca de lo que tendremos que hacer para reducir costos.»

Domine su cuerpo. La segunda razón para preguntar lo que realmente deseamos no es menos importante. Cuando nos preguntamos qué deseamos realmente, influimos en toda nuestra fisiología. A medida que introducimos preguntas complejas y abstractas en nuestro razonamiento, las partes del cerebro abocadas a la solución de problemas reconocen que ahora tratamos con complejos temas sociales y no con amenazas físicas. Cuando formulamos una pregunta difícil a nuestro cerebro, nuestro organismo bombea sangre a las partes de éste que intervienen en el razonamiento, distrayéndole de partes de nuestro organismo que intervienen en el reflejo de huir o agredir.

Formular preguntas acerca de lo que realmente deseamos tiene dos objetivos importantes. En primer lugar, nos recuerda nuestro objetivo. En segundo lugar, alimenta el funcionamiento de nuestro cerebro, de manera que nos ayuda a mantenernos centrados.

SEGUNDO, RECHAZAR LA ALTERNATIVA DEL TONTO

Incorporaremos otras herramientas que nos ayudarán a centrarnos en lo que realmente deseamos. Empezaremos con una historia. El profesorado de Beaumont High School baraja posibles cambios curriculares durante una reunión al final de la jornada escolar que ha durado varias horas. Finalmente, le ha llegado el turno al departamento de ciencias para hacer una presentación.

Royce, un profesor de química que enseña en Beaumont desde hace treinta y tres años, se considera a sí mismo el decano del colegio. Le apasionan mucho más las historias de guerra que los neutrones y los electrones, pero la dirección hace la vista gorda porque el profesor en cuestión es un veterano.

Cuando el director le da la palabra, Royce carraspea y comienza a soltar incoherencias acerca de las similitudes entre el desarrollo curricular y los preparativos antes del combate. Sus despropósitos son tan vergonzosos que el público hunde la cabeza entre los hombros en silencio intentando ahogar sus risas sin conseguirlo.

A continuación, le toca hablar a Brent, el nuevo profesor. Hace unas cuantas semanas, el director le pidió que definiera los cambios curriculares que proponía al departamento de ciencias. Brent se reunió con sus colegas (incluido Royce), hizo una recopilación de las sugerencias y se dispuso a presentarlas.

Cuando Brent comienza a hablar, Royce se dedica a fingir una ofensiva con bayoneta valiéndose de un puntero. Brent se detiene bruscamente, descarga un puñetazo sobre la mesa y exclama:

—¿Soy el único que se pregunta cómo es que le damos la palabra a este vejestorio? ¿Acaso no se ha tomado la medicación?

Una multitud de rostros asombrados en toda la sala se vuelve hacia Brent. Viendo que sus colegas deben pensar que está chiflado, pronuncia esas palabras que todos hemos llegado a detestar: —Eh,

¡no me miren así! Soy el único aquí que ha demostrado tener lo que hace falta para decir la verdad.

Qué táctica más deplorable. Brent ataca a Royce en público y luego, en lugar de disculparse o quizá sencillamente desaparecer en la sombra, se le ocurre decir que lo que acaba de hacer tiene algo de noble.

Como vimos en el capítulo anterior con los colegas de Kevin, bajo la influencia de la adrenalina empezamos a ver nuestras opciones como innecesariamente limitadas. Damos por sentado que tenemos que escoger entre obtener resultados y conservar una relación. En nuestro estado de simplificación, ni siquiera consideramos la alternativa de lograr ambas cosas.

Es por eso que aquellos que manejan las conversaciones con habilidad plantean a su cerebro una pregunta más compleja. Y así, se preguntan sistemáticamente: «¿Qué es lo que quiero para mí, para la otra persona y para la relación?

A medida que practique haciéndose esta pregunta en los momentos de visceralidad, descubrirá que al principio se resiste a ella. Cuando nuestro cerebro no está funcionando bien, nos resistimos a la complejidad. Es entonces cuando nos encanta la facilidad de escoger sencillamente entre atacar u ocultarnos, y el hecho de que lo pensemos nos hace quedar bien. «Lo siento, pero si quería seguir manteniendo mi integridad, sólo tenía que destruir la autoestima de ese sujeto. No fue agradable, pero era lo que había que hacer.»

Por suerte, cuando rechaza la alternativa del Tonto —cuando le pide a su cerebro que resuelva el problema más complejo—, las más de las veces es justo lo que hace. Descubrirá entonces que existe un modo de compartir sus preocupaciones, escuchar sinceramente las de los demás y crear una relación, todo al mismo tiempo. Y los resultados pueden ser un cambio de vida.

En busca del huidizo «Y»

Las personas *mejor* dotadas para el diálogo rechazan la Alternativa del Tonto creando nuevas alternativas. Se plantean a sí mismas preguntas más difíciles, preguntas que convierten la alternativa «esto o lo otro» en una búsqueda de la importantísima y siempre huidiza conjunción «Y». (Se trata de una especie en peligro de extinción, como ya se sabe.) He aquí cómo funciona.

Primero, clarifique lo que realmente desea. Ya tiene un comienzo ventajoso si ha empezado por el corazón. Si sabe lo que desea para sí mismo, para otros y para la relación, está en condiciones de abandonar la Alternativa del Tonto:

«Lo que quisiera es poder confiar más en mi marido. Estoy harta de sentirme decepcionada por él cuando se compromete con cosas que me afectan a mí».

En segundo lugar, clarifiquemos lo que realmente no deseamos. Ésta es la clave para enmarcar la cuestión del «y». Pensemos en aquello que tememos que puede ocurrirnos si renunciamos a nuestra estrategia actual de intentar vencer o permanecer a salvo. ¿Qué cosas malas nos ocurrirán si dejamos de presionar tanto? ¿O si no intentamos escapar? ¿Cuál es el resultado horrible que hace del recurso a los trucos una alternativa atractiva y sensata?:

«Lo que no quiero es tener una discusión inútil y acalorada que cree sentimientos desagradables y no propicie ningún cambio».

En tercer lugar, presentemos a nuestro razonamiento un problema más complejo. Finalmente, combinemos los dos en una pregunta *conjuntiva* que nos obligue a buscar opciones más creativas y productivas que el silencio o la violencia.

«¿Cómo puedo tener una conversación sincera con mi marido sobre cómo ser más cumplidor y evitar crear malos rollos o perder el tiempo?»

Resulta interesante observar qué sucede cuando a las personas se les presentan preguntas conjuntivas después de haberse acostumbrado a la Alternativa del Tonto. Sus expresiones se vuelven agresivas, abren los ojos y comienzan a *pensar*. Con una regularidad sorprendente, cuando se les pregunta a las personas: «¿Es posible que haya una manera de lograr ambas cosas?», reconocen que es muy probable que sí.

¿Hay alguna manera de hablarle a su compañero de sus verdaderas preocupaciones y no insultarlo ni ofenderlo?

¿Hay alguna manera de hablar con nuestro vecino de su desagradable comportamiento y no parecer ni hipócrita ni exigente?

¿Hay alguna manera de hablar con nuestra pareja sobre cómo gastamos el dinero y no caer en una discusión?

¿ES ESTO POSIBLE EN LA PRÁCTICA?

Algunas personas piensan que esta manera de pensar peca de una cómica falta de realismo. Desde su punto de vista, la Alternativa del Tonto no es una falsa dicotomía sino el mero reflejo de una realidad lamentable.

«No puedes hablar con el jefe sobre nuestra próxima iniciativa. Te costará el empleo.»

A estas personas les decimos: ¿Se acuerdan de Kevin? Al igual que casi todos los líderes de opinión que hemos estudiado, él tiene lo que hace falta para hacerse oír y ser respetuoso. Quizás no sepa lo que Kevin hizo o lo que usted tiene que hacer, pero no niegue la existencia de Kevin o de personas como él. Hay un tercer conjunto de opciones que nos permite aportar significados al fondo y elaborar a partir de la relación.

Cuando nosotros (los autores) participamos en un seminario y sugerimos que existen opciones a la Alternativa del Tonto, nunca falta alguien que dice: «Puede que uno pueda hablar sinceramente y ser oído en algunas empresas, pero si lo intentamos aquí, nos comerán vivos». Y la otra cara de la moneda: «Tienes que saber cuándo parar si quieres seguir sobreviviendo». Y luego, con expresiones como «¡Ya lo creo!» y «¡Así se habla!», muchos asienten para manifestar su aprobación.

Al principio, pensamos que quizá sí había lugares donde el diálogo no podía sobrevivir. Pero luego nos animamos a preguntar: «¿Me está diciendo que no hay nadie que sea capaz de entablar una conversación de alto riesgo de tal modo que se solucionen los problemas y se construya una relación?» Normalmente, siempre hay alguien.

RESUMEN — EMPEZAR POR EL CORAZÓN

He aquí cómo las personas que se manejan con habilidad en el diálogo se mantienen centradas en sus objetivos, especialmente cuando las cosas se ponen difíciles.

Primero convencerme, luego convencernos

- Recordemos que la única persona a quien puede controlar directamente es usted mismo.

Centrémonos en lo que *realmente* deseamos

- Cuando advierta que se inclina por la violencia o el silencio, deténgase y preste atención a sus motivos.

- Pregúntese: «¿Qué me dice mi conducta acerca de mis motivos?»

- A continuación, defina lo que realmente desea. Finalmente desea, pregúntese: «¿Qué deseo para mí mismo? ¿Para los demás? ¿Para la relación?»

- Y, por último, pregúntese: «¿Cómo me comportaría si esto fuera lo que realmente deseo?»

Rechazar la Alternativa del Tonto

- Cuando piense en lo que desea, permanezca atento al momento en que empieza a inclinarse por la Alternativa del Tonto.

- Permanezca atento para ver si se dice que está obligado a escoger entre la paz y la sinceridad, entre ganar y perder, etc.

- Libérese de la Alternativa del Tonto buscando el Y.

- Defina lo que no desea, e inclúyalo en lo que sí desea, y pida a su razonamiento que empiece a buscar opciones sanas que lo devuelvan al diálogo.

4

Aprender a observar

*Cómo saber cuándo
peligra la seguridad*

Comencemos este capítulo analizando una conversación crucial fallida. Imagine que acaba de terminar un acalorado debate con un grupo de personas a quienes supervisa. Lo que comenzó como una conversación inofensiva acerca del calendario del nuevo producto ha terminado como una desagradable discusión. Al final, después de una hora de reproches y quejas, cada cual se ha retirado a su respectivo rincón.

Ahora camina por el pasillo intentando comprender qué ha sucedido. En cuestión de minutos, una discusión inocente se ha transformado en una conversación crucial, y luego en una conversación *frustrada*, sin que logre recordar por qué. Sí recuerda un momento de tensión cuando empezó a enfatizar su punto de vista con cierta rudeza (bueno, sí, puede que con demasiada rudeza) y ocho personas se lo quedaron mirando como si acabara de degollar a un pollo con sus propios dientes. Pero al cabo de un rato la reunión se acabó.

Lo que no ha advertido es que dos amigos suyos se alejan caminando por el pasillo en la dirección opuesta, mientras analizan la reunión jugada a jugada. Ellos sí saben lo que ha ocurrido.

—Ha vuelto a suceder lo mismo. El jefe comenzó a presionar tanto con sus prioridades personales que todos reaccionamos a la defensiva. ¿Te has dado cuenta de que, en un momento dado, todos nos resultamos sorprendidos al mismo tiempo? Desde luego, yo me porté tan mal como el jefe. Hablé con frases absolutas, sólo señalé hechos que apoyaban mi punto de vista y luego acabé con una lista de absurdas reclamaciones. Mordí el anzuelo como un simple pez.

Más tarde aquel día, hablando con sus compañeros sobre la reunión, ellos explican qué ocurrió. Usted estaba presente, pero de alguna manera no captó lo que realmente *sucedió*.

—Eso es porque te encontrabas tan enfrascado en el contenido de la conversación —explica nuestro compañero—, te importaba tanto la rotación de turnos, que te cegaste ante las *condiciones*. Ya me entiendes… Quiero decir, cómo se sentían y reaccionaban todos, la postura que adoptaban, ese tipo de cosas.

—¿Tú viste todo eso mientras mantenías una conversación acalorada? —pregunta usted.

—Sí —responde su compañero—. Siempre presto atención a dos elementos. Cuando las cosas comienzan a ponerse feas, observo el contenido de la conversación (el asunto en cuestión) además de las condiciones (lo que hace la gente, cómo reaccina). Identifico y analizo el *qué* y el *porqué*. Si eres capaz de ver por qué las personas se irritan o se guardan sus opiniones, o incluso por qué se cierran en sí mismas y callan, puedes hacer algo para que se reanude el diálogo.

—¿Observas las «condiciones» y luego sabes qué hacer para volver a dialogar?

—A veces —responde su colega—. Pero tienes que aprender a saber exactamente qué buscas.

»Es como una especie de primeros auxilios sociales. Cuando estás atento al momento en que una conversación se vuelve crucial, puedes responder rápidamente. Cuanto antes te percates de que no estás dialogando, más fácil resulta volver atrás y el costo será menor.

»Pero —prosigue su amigo— la triste realidad es que cuanto más tardes en darte cuenta de que no estás dialogando, más difícil resulta volver atrás y mayores son los costes.

A usted le cuesta creer lo elemental que es este consejo y, aun así, jamás había pensado en ello. Aún más curioso, su compañero sí ha reflexionado sobre el asunto. De hecho, tiene todo un vocabulario para nombrar lo que sucede durante una conversación crucial. Es como si hubiésemos estado hablando distintas lenguas.

ATENTO A LAS CONDICIONES

En realidad, a la mayoría nos cuesta emplear ese método dual (estar alerta al contenido y a las condiciones al mismo tiempo), especialmente cuando hay importantes factores en juego y las emociones son intensas. Entonces nos vemos tan atrapados en nuestro discurso que se nos hace casi imposible sustraernos de la discusión para ver qué nos está sucediendo, a nosotros y a los demás. Y aunque lo que vemos, nos sorprenda lo bastante como para pensar: «¡Vaya! Esto se ha puesto feo. Y ahora, ¿qué?», puede que no sepamos a qué estar atentos para producir un giro en la conversación. Puede que no tengamos un panorama suficientemente amplio de lo que está sucediendo.

¿Cómo se explica eso? ¿Cómo es posible que nos encontremos en medio de un acalorado debate y no veamos qué sucede realmente? Puede que una metáfora nos ayude. Es algo parecido a ir a pescar con mosca por primera vez con un especialista. Nuestro amigo no para de decirnos que lancemos nuestra mosca río arriba, unos dos metros más arriba de aquella trucha marrón, «justo ahí». Lo que pasa es que no podemos ver la trucha marrón «justo ahí». Él sí puede. Puede verla porque sabe qué es lo que tiene que buscar. Nosotros *creemos* que podemos. Creemos que tenemos que buscar una trucha marrón. En realidad, tenemos que buscar la imagen distorsionada de una trucha marrón bajo el agua mientras nos ciega el reflejo del sol en su superficie. Tenemos que buscar algo diferente a ese bicho que nuestro padre ha disecado y colgado encima de la chimenea. Es necesario tener el conocimiento y la práctica para saber qué buscar y luego efectivamente verlo.

¿Qué es lo que buscamos cuando estamos en medio de una conversación crucial? ¿A qué debemos estar atentos para captar los problemas antes de que se vuelvan demasiado graves? En realidad, debemos ser sensibles a tres condiciones diferentes: al momento en que una conversación se vuelve crítica, a señales de que las personas no se sienten seguras (silencio o agresividad) y a nuestro propio Estilo Bajo Presión. Echemos una mirada a cada uno de estos francotiradores de la conversación.

Aprender a reconocer las conversaciones cruciales

En primer lugar, manténgase alerta al momento en que una conversación deja de ser rutinaria o inofensiva para convertirse en una conversación crucial. De la misma manera, cuando se prepare a entablar una conversación difícil, preste atención al hecho de que está a punto de entrar en una zona de peligro. De otra manera, es muy posible que se entregue a trucos absurdos antes de que se dé cuenta de lo que ha sucedido. Y, como señalábamos anteriormente, cuanto más se aleje del camino, más difícil será volver a él, y más elevados los costes.

Para captar a tiempo los problemas, debemos reprogramar nuestra mente para que se mantenga atenta a las señales que indican que nos encontramos en una conversación crucial. Algunas personas toman conciencia antes de que algo dé señales *físicas* (se les tensa el estómago o se les secan los ojos). Pensemos en lo que sucede con nuestro organismo cuando las conversaciones se ponen difíciles. Todos somos algo diferentes. ¿Cuáles son sus señales? Cualesquiera que sean, aprenda a verlas como señales que sugieren dar un paso atrás, bajar la intensidad y Empezar por el Corazón antes de que las cosas se nos escapen de las manos.

Otros están atentos a sus *emociones* antes de percatarse de señales corporales. Se dan cuenta de que tienen miedo, se sienten dolidos o irritados, y comienzan a reaccionar ante estos sentimientos o a reprimirlos. Estas emociones también pueden ser grandes claves para decirnos que demos un paso atrás, disminuyamos la intensidad y hagamos lo necesario para volver a activar nuestro cerebro.

La primera clave de algunas personas es *conductual*. Para ellas es como una experiencia astral. Se ven a sí mismas alzando la voz, señalando con el dedo como si fuera un arma cargada o retrayéndose en el silencio. Sólo entonces se dan cuenta de cómo se sienten.

Por lo tanto, reflexione un momento sobre sus conversaciones más difíciles. ¿Qué claves puede utilizar para reconocer que su cerebro comienza a desactivarse y que corre el riesgo de distanciarse de un diálogo sano?

Aprender a identificar problemas de seguridad

Si es capaz de captar las señales de que la conversación entra en una fase crítica (antes de verse tan sumido en la discusión contingente que no pueda sustraerse al contenido), ya puede comenzar inmediatamente a utilizar un sistema dual. ¿Y a qué debería, concretamente, estar atento? Las personas dotadas para el diálogo están siempre atentas a la *seguridad*. Prestan atención al contenido (que es un elemento dado) y son sensibles a las señales de que los demás se han vuelto temerosos. Cuando sus amigos, sus seres queridos o sus compañeros se distancian de un diálogo sano (contribución libre al fondo de significados), ya sea imponiendo sus opiniones al fondo o manteniendo deliberadamente sus ideas fuera del fondo, ellos centran inmediatamente su atención en saber si los demás se sienten seguros o no.

Cuando es seguro, podemos decir cualquier cosa. Ésta es la razón por la que los comunicadores más dotados mantienen un ojo vigilante en la seguridad. El diálogo exige el libre flujo de significados, y punto. Y no hay nada que atente más contra el flujo de significados que el miedo. Cuando tememos que las personas no queden convencidas con nuestras ideas, empezamos a presionar demasiado. Cuando tememos que nos hagan daño en algún sentido, empezamos a inhibirnos. Estos dos tipos de reacciones, combatir y huir, están motivados por el mismo sentimiento, el miedo. Por otro lado, si nos sentimos bastante seguros, podemos hablar de casi cualquier cosa y las personas nos escucharán. Si no tememos ser agredidos o humillados, podemos oír casi cualquier opinión sin adoptar una actitud a la defensiva.

Ésta es una afirmación bastante sorprendente. Piense en ella. Estamos sugiriendo que la gente rara vez se pone a la defensiva simplemente por *lo que* esté usted diciendo. Sólo se pone a la defensiva cuando ya no se siente segura. El problema no es el *contenido* de su mensaje, sino las *condiciones* de la conversación. Como vimos antes, desde que somos bastante pequeños empezamos a llegar a la conclusión de que no se puede ser al mismo tiempo sincero y respetuoso. Básicamente, nuestra conclusión es que hay algunos mensajes que no podemos transmitir a determinadas personas. Y con el paso del tiempo, esa lista de mensajes se hace cada vez más extensa, hasta que nos encontramos manejando inadecuadamente la mayoría de las conversaciones cruciales. Si lo que sugerimos aquí es cierto, entonces el problema no es el mensaje; el problema es que usted y yo no ayudamos a que los demás se sientan seguros al oír el mensaje. Si somos capaces de aprender a ver cuando la gente empieza a sentirse insegura, entonces podremos tomar medidas para remediarlo. Lo cual significa que el primer desafío consiste sencillamente en *ver* y *comprender* que la seguridad corre peligro.

Piense en su propia experiencia. ¿Recuerda haber sido objeto de comentarios realmente hirientes por parte de alguien y no haber adoptado una actitud a la defensiva? Al contrario, fue capaz de aceptar los comentarios. Después, reflexionó sobre ello. Permitió que influyera en usted. Si esto ha sucedido, pregúntese por qué. ¿Por qué en esta ocasión fue capaz de aceptar comentarios potencialmente amenazadores con tanta tranquilidad? Si usted se parece al resto de nosotros, es porque creyó que la otra persona deseaba lo mejor para sus intereses. Además, usted respetaba la opinión de esa otra persona. Se sentía seguro escuchando los comentarios porque confiaba en los motivos y en la capacidad de la otra persona. No tenía necesidad de defenderse de lo que decía, ¡aunque no le gustase lo que estuviera diciendo!

Al contrario, si no nos sentimos seguros, no aceptamos comentarios. Es como si el fondo de significados estuviese sellado con una tapa. «¿Qué quieres decir con que tengo buen aspecto? ¿Te estás riendo de mí? ¿Me estás insultando?» Cuando no nos sentimos seguros, incluso los comentarios mejor intencionados, parecen sospechosos.

Cuando no hay seguridad, empieza a cegarse. Al permanecer atento a las transgresiones contra la seguridad, no sólo podrá ver cuándo peligra el diálogo, sino también reactivar su mente. Como ya hemos señalado, cuando nuestras emociones comienzan a cobrar intensidad, las principales funciones cerebrales reaccionan desactivándose. No sólo nos preparamos para huir físicamente, sino que nuestra visión periférica, de hecho, se vuelve más estrecha. En realidad, cuando nos sentimos verdaderamente amenazados, apenas podemos ver más allá de lo que tenemos delante.

Al sustraernos al contenido de un argumento y estar atentos al miedo, reactivamos el cerebro y recuperamos nuestra visión amplia. Como sugerimos anteriormente, cuando le damos a analizar un nuevo problema a nuestro cerebro (¡atentos a las señales de que la seguridad está en peligro!), eso afecta al funcionamiento de éste. Los centros del razonamiento superior están más activos, y tenemos menos probabilidades de estar aturdidos y bastantes más de tener éxito en nuestra conversación crucial.

No dejar que los problemas de seguridad nos descentren. Agreguemos una nota de precaución. Cuando las personas comienzan a sentirse inseguras, empiezan a comportarse de manera inadecuada. Ahora bien, puesto que no se sienten seguras, usted debería pensar: «Vaya, no se sienten seguras. Tengo que hacer algo, quizá procurar convertirlo en algo más seguro». Eso es lo que *debería* pensar. Por desgracia, cuando otros se sienten inseguros, puede que intenten reírse de usted, insultarlo o impresionarlo con sus argumentos. Este tipo de conducta agresiva no estimula precisamente al diplomático que hay en usted. De modo que en lugar de entender su agresión como una manifestación de que peligra la seguridad, lo toma al pie de la letra, como un ataque. «¡Me están atacando!», piensa. Entonces la parte reactiva de su cerebro entra en acción y usted responde de la misma manera. O quizás intenta escapar. En cualquier caso, no utiliza un sistema dual ni recurre a una habilidad para restablecer la seguridad. Al contrario, se convierte en parte del problema cuando se ve arrastrado al conflicto.

Imagine el alcance de lo que le sugerimos con esta proposición. Le pedimos que interprete el silencio y la violencia como señales de que las personas se sienten inseguras. Le pedimos que luche contra su tendencia natural a responder de la misma manera. Y le pedimos que renuncie a años de práctica, quizás incluso a una eternidad de herencia genética que le incita a huir o a provocar una pelea (cuando sufre una agresión) y a cambio le sugerimos que reinterprete el estímulo. «Aquello es una señal de que la otra persona se siente insegura.» ¿Y luego qué? Hay que hacer algo para darle seguridad.

Por supuesto, esto puede ser una tarea difícil. Pero merece la pena. Esta habilidad es el eje central de todo lo que sigue y también es la puerta de acceso para obtener todos los beneficios que reciben aquellos que manejan las conversaciones cruciales con habilidad. Imagine una influencia mayor, unas relaciones reforzadas, unos equipos más fuertes y un liderazgo más efectivo. Conecte su capacidad para identificar y reaccionar a los problemas de seguridad.

En el próximo capítulo, analizaremos cómo. Por ahora, limitémonos a aprender a estar atentos a la seguridad y luego mostrarnos curiosos y no enfadados ni atemorizados.

El silencio y la violencia

Cuando las personas comienzan a sentirse inseguras, eligen uno de estos dos caminos: O guardan silencio (absteniéndose de aportar significado al fondo) o se vuelven agresivos (intentan imponer un significado al fondo compartido). Conocemos ese aspecto. Sin embargo, agreguemos algunos detalles. Así como unos cuantos conocimientos de lo que hay que buscar pueden convertir el agua turbia en una trucha marrón, conocer unas cuantas formas habituales del silencio y la violencia nos ayudan a ver los problemas de seguridad cuando comienzan a aparecer. De esta manera, podemos distanciarnos, restablecer la seguridad y reanudar el diálogo, antes de que el daño sea demasiado grande.

El silencio

El silencio es cualquier manera de abstenerse deliberadamente de aportar información al fondo de significados. Casi siempre responde al deseo de evitar problemas potenciales, y siempre restringe el flujo de significados. Los métodos varían desde hacer juegos de palabras hasta evitar del todo a una persona. Las tres formas más habituales de silencio son enmascarar, evitar y retraerse.

- *Enmascarar* consiste en restar importancia a nuestras verdaderas opiniones o manifestarlas de forma selectiva. El sarcasmo, dorar la píldora y la evasión, son algunas de las formas más habituales.

  «Creo que tu idea es, uh, brillante. Sí, eso es. Lo que me preocupa es que otros no sepan captar las sutilezas. Hay ideas que nacen antes de tiempo, de modo que deberías esperarte a encontrar cierta, digamos, resistencia menor.»

Significado: Tu idea es insensata y la gente se opondrá a ella hasta su último aliento.

«Sí, claro, funcionará de maravilla. Tú ofrece rebajas a la gente y seguro que vendrán del otro extremo de la ciudad para ahorrarse seis centavos en una caja de detergente. ¿De dónde sacas estas ideas?»

Significado: Qué idea más descabellada.

- *Evitar* significa alejarse completamente de temas delicados. Conversamos, pero sin abordar el fondo del asunto:

  «¿Que qué me parece tu nuevo traje? Bueno, ya sabes que el azul es mi color preferido.»

  Significado: ¿Qué pasó? ¿Te encontraste la ropa en un circo?

  «Hablando de ideas para reducir los costos, ¿y si diluimos el café? ¿O si imprimimos en ambas caras del papel de las fotocopias.»

  Significado: Si realizo sugerencias triviales puede que podamos evitar hablar de cosas delicadas, como la inoperancia del personal.

- *Retraerse* significa marginarse del todo en una conversación. O abandonamos la conversación o abandonamos la habitación.

  «Perdónenme. Tengo que responder a una llamada.»

  Significado: Prefiero arrancarme el brazo a mordiscos que dedicar un solo minuto más a esta reunión inútil.

  «Lo siento, no volveré a hablar de cómo compartir la factura del teléfono. No creo que nuestra amistad pueda soportar otra batalla.»

  Significado: No podemos hablar ni del tema más sencillo sin discutir.

La violencia

La violencia es cualquier estrategia verbal que busque convencer, controlar u obligar a otros a adoptar nuestro punto de vista. Se opone a la seguridad al pretender imponer significados al fondo. Los métodos varían desde el insulto y el monólogo hasta las amenazas. Las tres formas más habituales son controlar, estigmatizar y atacar.

- *Controlar* consiste en obligar a otros a adoptar nuestra manera de pensar. Se consigue ya sea imponiendo nuestros puntos de vista a otros o dominando la conversación. Los métodos suelen ser interrumpir a los demás, exagerar la postura, hablar en términos absolutos, cambiar de tema o recurrir a preguntas dirigidas para controlar la conversación.

  «No hay ni una sola persona en el mundo que no haya comprado una de estas cosas. Son el regalo perfecto.»

  Significado: No tengo justificación por haber gastado nuestro dinero, ahorrado con tantos sacrificios, en este costoso juguete, pero realmente lo deseo.

  «Hemos probado su producto, pero era un absoluto desastre. Todos saben que no pueden hacer sus entregas a tiempo y que su atención al cliente es la peor del mundo.»

  Significado: No estoy seguro de los hechos reales, así que recurriré a la exageración para captar su atención.

- *Estigmatizar* es colgarle una etiqueta a las personas o a las ideas para después desecharlas con un estereotipo o categoría general.

  «Tus ideas son prácticamente las de un cavernícola. Cualquiera que sepa razonar aprobaría mi propuesta.»

  Significado: Mi caso no se sostiene por sus propios méritos, así que para conseguir lo que quiero, te atacaré personalmente.

«¿No pensarás escuchar lo que dicen? ¡Madre mía! En primer lugar, son de la casa matriz. En segundo lugar, son ingenieros. ¿Hace falta decir algo más?»

Significado: Si consigo hacer creer que todo el personal de la casa matriz y todos los ingenieros son unos incompetentes o están equivocados, no tendré que explicar nada.

- *El ataque* habla por sí solo. Renunciamos a vencer en una discusión para infligir daños a la otra persona. Entre las tácticas, encontraremos el desprecio y las amenazas.

«Tú intenta esa estúpida maniobra y ya verás qué sucede.»

Significado: Me saldré con la mía aunque tenga que hablar mal de ti y amenazar con alguna vaga represalia.

«No escuches ni una palabra de lo que dice Jim. Lo siento Jim, pero conozco muy bien a los tipos como tú. Sólo intentas facilitar las cosas a tu equipo mientras nos haces sufrir a los demás. Ya te he visto hacerlo antes. Eres un verdadero imbécil, ¿lo sabías? Sí, lo siento, pero alguien tiene que tener lo que hace falta para decir las cosas como son.»

Significado: Para conseguir lo que quiero, hablaré mal de ti y luego me comportaré como si fuera la única persona íntegra.

Preste atención a su Estilo Bajo Presión

Supongamos que ha permanecido atento tanto al contenido como a las condiciones. Presta atención especial al momento en que una conversación se vuelve crítica. Para captar este importante momento, busque señales de que peligra la seguridad. Aun cuando la seguridad es transgredida, sabe estar alerta a diversas formas de silencio y violencia. ¿Está completamente preparado? ¿Ha visto todo lo que hay que ver?

En realidad, no. Quizás el elemento más difícil de observar atentamente mientras está concentrado en aplicar un sistema dual es su propia conducta. Sinceramente, la mayoría de las personas experimentan dificultades para lograrlo. Y luego, está el problema que presentan otras personas cuando emplean todo tipo de tácticas. Tiene que observarlas con mirada muy aguda. No es de extrañar que la atenta vigilancia de su propia conducta tienda a pasar a segundo plano. Además, no es como si pudiese abandonar su propio cuerpo y se observase a sí mismo. Se encuentra del lado equivocado de la mirada.

Escaso autoseguimiento. En realidad, todos tenemos dificultades en ciertos momentos para controlar nuestra conducta. A menudo perdemos toda semblanza de delicadeza social cuando nos ensimismados tanto con las ideas y las causas que perdemos el sentido de lo que hacemos. Intentamos abrirnos paso como matones. Hablamos cuando no deberíamos. Nos refugiamos en un estricto mutismo. Hacemos cosas que no funcionan, todo en nombre de una causa. Al final, tenemos tan escasa conciencia que nos convertimos en algo parecido a ese personaje inventado por el cómico Jack Handy.

La gente no paraba de hablar de lo mala persona que era este tipo que vivía en nuestro barrio. Quise averiguarlo personalmente. Llamé a su puerta, pero él dijo que no era la mala persona de la que hablaban, que la mala persona vivía en esa casa de ahí. «Oye, imbécil —dije yo—, ésa es mi casa.»

Por desgracia, cuando somos incapaces de controlar nuestra propia conducta, hacemos bastante el ridículo. Por ejemplo, hablamos con nuestro cónyuge acerca de que nos ha dejado esperando en el taller mecánico más de una hora. Después de señalar que sólo ha sido un malentendido, nuestro cónyuge exclama: «No tienes por qué enfadarte».

Y entonces pronunciamos las famosas palabras: «¡No estoy enfadado!»

La verdad es que cuando lo negamos lo hacemos escupiendo rabiosamente y la vena de la frente se nos hinchan hasta alcanzar el tamaño de una pequeña serpiente pitón. Nosotros, como es natural, no vemos la incoherencia de nuestra respuesta. Estamos metidos en medio del asunto y no nos parece nada bien que nuestro cónyuge se ría de nosotros.

También practicamos este juego de la negación cuando a la pregunta «¿Qué pasa?» contestamos ingenuamente:

«No pasa nada», con un quejido. Luego arrastramos los pies, miramos el suelo y parecemos dolidos.

Para observarse atentamente a sí mismo

¿Qué se requiere para ser capaz de distanciarse de la discusión y estar atentos al proceso (incluyendo los propios actos y el efecto que tienen)? Hay que observarse atentamente a uno mismo. Esto exige prestar atención a lo que hacemos y al efecto que ello tiene y, si es necesario, alterar la estrategia. Más específicamente, observe atentamente para ver si tiene un efecto positivo o negativo en la seguridad.

Su Estilo Bajo Presión: Prueba

¿Qué tipo de observador es usted cuando se trata de sí mismo? Una buena manera de potenciar la conciencia de sí mismo consiste en analizar su Estilo Bajo Presión. ¿Qué hace cuando la conversación se vuelve difícil? Para averiguarlo, conteste el cuestionario de las páginas siguientes. Para obtener más fácilmente una puntuación, recomendamos visitar www.crucialconversations.com/exclusive; le ayudará a ver cuáles son las tácticas a las que normalmente recurre cuando se ve atrapado en medio de una conversación crucial. También le ayudará a definir qué partes de este libro pueden serle de mayor ayuda.

Instrucciones. Las siguientes preguntas analizan cómo cada cual responde normalmente cuando se ve atrapado en una conversación crucial. Antes de contestar, piense en una relación específica en el trabajo o en el hogar. Después, conteste a las preguntas sin dejar de pensar en cómo aborda normalmente las conversaciones difíciles en esa relación.

V F* 1. Hay ocasiones en que evito las situaciones que podrían ponerme en contacto con personas con las que tengo problemas.

V F 2. He renunciado a devolver las llamadas telefónicas o los correos electrónicos simplemente porque no quería tratar con la persona que los enviaba.

V F 3. A veces, cuando las personas traen a colación un tema delicado o raro, intento cambiar de tema.

V F 4. Cuando se trata de abordar temas incómodos o delicados, a veces me abstengo en lugar de manifestar sinceramente mi opinión.

V F 5. En lugar de decirle a las personas exactamente lo que pienso, normalmente recurro a las bromas, al sarcasmo o a los comentarios despectivos para darles a entender que me siento ofuscado.

V F 6. Cuando tengo que abordar un tema difícil, suelo pronunciar cumplidos vagos o falsos para suavizar el golpe.

V F 7. Cuando quiero convencer con mi opinión, a veces exagero.

V F 8. Si tengo la impresión de que pierdo el control de una conversación, normalmente interrumpo a las personas o cambio de tema con el fin de conducirla adonde, en mi opinión, debería situarse.

V F 9. Cuando otros expresan opiniones que me parecen tontas, se lo hago saber sin rodeos.

V F 10. Cuando un comentario me impresiona, a veces digo cosas que otros pueden entender como rudas o agresivas; comentarios como: «¡No me vengas con eso!» o «¡Eso es absurdo!»

V   F   11. A veces, cuando las cosas se calientan, dejo de rebatir las opiniones de otras personas y digo cosas que pueden herirlas personalmente.

V   F   12. Si me encuentro en una discusión acalorada, ha habido casos en que he sido duro con mi interlocutor. De hecho, el interlocutor se puede haber sentido un poco insultado o herido.

V   F   13. Cuando hablo de un tema importante con otras personas, suelo renunciar a explicar mi punto de vista para intentar vencer en la discusión.

V   F   14. En medio de una conversación difícil, a menudo me encuentro tan atrapado en la discusión que no sé cómo me perciben los demás.

V   F   15. Cuando una conversación se vuelve difícil y hago algo inapropiado, no tardo en disculparme por mis errores.

V   F   16. Cuando pienso en una conversación que ha acabado mal, tiendo a analizar primero lo que yo he hecho mal en lugar de centrarme en los errores de los demás.

V   F   17. Se me da bastante bien convencer a los demás ayudándoles a comprender el razonamiento que respalda mis opiniones.

V   F   18. Me doy cuenta rápido de cuándo otros se inhiben o adoptan una actitud a la defensiva en una conversación.

V   F   19. A veces decido que es mejor no responder con comentarios duros porque sé que aquello está destinado a provocar graves problemas.

V   F   20. Cuando las conversaciones no funcionan, me abstengo de entrar en la refriega, reflexiono sobre lo que está sucediendo y adopto medidas para remediarlo.

V   F   21. Cuando otros adoptan actitudes a la defensiva porque no me entienden bien, procuro que volvamos atrás y aclaro qué es lo que pretendo decir.

V   F   22. Soy duro con algunas personas porque, para ser sincero, *en ese momento* me parece que necesitan o se merecen lo que digo.

V   F   23. A veces hago declaraciones de corte absoluto como «El hecho es que…» o «Es evidente que…», para asegurarme de que se entenderá mi punto de vista.

V   F   24. Si otros vacilan en compartir sus opiniones, los invito a decir sinceramente lo que piensan, sin importar lo que sea.

V   F   25. A veces me siento tan frustrado o molesto que doy la impresión de estar siendo bastante agresivo con la otra persona.

V   F   26. Incluso cuando las cosas se ponen tensas, se me da bien averiguar por qué la gente está enojada y llegar a la raíz del problema.

V   F   27.. Cuando veo que tengo opiniones encontradas con alguien, a menudo intento imponer mi opinión en lugar de buscar un terreno común.

V   F   28. Cuando las cosas no van bien, en el calor del momento me siento inclinado a pensar que la otra persona es más culpable que yo de la situación.

V   F   29. Después de haber compartido mis firmes opiniones, hago lo que puedo para invitar a otros a compartir sus opiniones, sobre todo si son contrarias.

V F 30. Cuando otros vacilan antes de compartir sus opiniones, escucho aun con más atención y muestro más interés por sus opiniones.

V F 31. A menudo tengo problemas con que las personas no hagan lo que habíamos acordado y luego recaiga en mí la responsabilidad de volver a sacar el asunto a colación.

V F 32. Después de las conversaciones, se me plantean nuevos problemas a causa de los distintos recuerdos de lo que se habló o se acordó.

V F 33. Cuando trato de resolver problemas con los demás, me encuentro con que no estamos de acuerdo al respecto o que hemos vulnerado las previsiones sobre a quién le correspondía decir la última palabra en determinados asuntos.

Evalúe su «Estilo Bajo Presión» en la Red

Para acceder a una versión de autoevaluación de la prueba de Estilo Bajo Presión, además de a otros recursos gratuitos que le ayudarán a dominar las conversaciones cruciales, visite www.CrucialConversations.com/exclusive

---

Puntuación de su Estilo Bajo Presión

A continuación, rellene las hojas de puntuación de las figuras 4-1 y 4-2. Cada dominio contiene dos o tres preguntas. Junto al número de la pregunta hay una (V) o una (F). Por ejemplo, bajo «Enmascarar», la pregunta 5 de la Figura 4-1, encontramos una (V). Esto significa que si ha contestado verdadero, deberá marcar la casilla. En la pregunta

---

* V = Verdadero.   F = Falso.

13, de la Figura 4-2, encontramos una (F). Sólo marque esa casilla si ha contestado la pregunta como falsa, y así sucesivamente.

La puntuación de su Estilo Bajo Presión (Figura 4-1) le mostrará las formas de silencio o violencia a las que recurre con más frecuencia. Su puntuación de Habilidades para el Diálogo (Figura 4-2) está organizada por conceptos y capítulos, de modo que puede decidir cuáles son los capítulos que más le ayudarán.

Silencio ☐	Violencia ☐
Enmascarar	**Controlar**
☐ 5 (V)	☐ 7 (V)
☐ 6 (V)	☐ 8 (V)
Evitar	**Estigmatizar**
☐ 3 (V)	☐ 9 (V)
☐ 4 (V)	☐ 10 (V)
Inhibirse	**Atacar**
☐ 1 (V)	☐ 11 (V)
☐ 2 (V)	☐ 12 (V)

Figura 4–1. Hoja de puntuación para el Estilo Bajo Presión

Qué significa la puntuación

La puntuación del silencio y la violencia nos da una medida de la frecuencia con que caemos en estas estrategias imperfectas. De hecho, es posible tener una alta puntuación en ambos. Una puntuación alta (una o dos casillas marcadas por dominio) significa que utiliza esta técnica bastante a menudo. También significa que es humano. La mayoría de las personas oscilan entre abstenerse y manifestarse con demasiado énfasis.

Los siete dominios de la Figura 4-2 reflejan sus habilidades en cada uno de los siete correspondientes capítulos sobre las habilidades. Si tiene una puntuación alta (dos o más casillas marcadas) en uno de estos dominios, ya está bastante capacitado en este ámbito. Si su puntuación es baja (cero o uno) le aconsejamos prestar especial atención a esos capítulos.

Dado que estas puntuaciones representan cómo se comporta normalmente durante las conversaciones tensas o críticas, pueden variar. Su puntuación no representa un rasgo inalterable del carácter ni una propensión genética. Sólo es una medida de su conducta, y eso lo puede cambiar. De hecho, las personas que se tomen en serio este libro practicarán las habilidades contenidas en cada capítulo y, con el tiempo, cambiarán. Y cuando eso suceda, también cambiarán sus vidas.

Cap. 3 Empezar por el corazón	Cap. 7 Definir mi camino
☐ 13 (F) ☐	☐ 17 (V) ☐
☐ 19 (F)	☐ 23 (F)
☐ 25 (F)	☐ 29 (V)
Cap. 4 Aprender a observar	Cap. 8 Sondear el camino de los demás
☐ 14 (F) ☐	☐ 18 (V) ☐
☐ 20 (V)	☐ 24 (V)
☐ 26 (V)	☐ 30 (V)
Cap. 5 Crear Seguridad	Cap. 9 El paso de la Acción
☐ 15 (V) ☐	☐ 31 (F) ☐
☐ 21 (V)	☐ 32 (F)
☐ 27 (F)	☐ 33 (F)
Cap. 6 El dominio de mis Historias	
☐ 16 (V) ☐	
☐ 22 (F)	
☐ 28 (F)	

Figura 4-2. Hoja de puntuación para la evaluación de las Habilidades para el Diálogo

Y ahora, ¿qué? Ahora que ha identificado su propio Estilo Bajo Presión, cuenta con una herramienta que le puede ayudar a aprender a mirar. Es decir, cuando se vea envuelto en una conversación delicada, puede realizar un esfuerzo especial para evitar algunos de sus hábitos de silencio o violencia. Y luego, si se encuentra en medio de una conversación crucial, intentará ser más consciente de las cosas a las que debe estar atento.

Mi conversación crucial: Tom E.

Tengo cincuenta y cinco años, y todos conocemos el dicho: «Más sabe el diablo por viejo que por diablo». Desde hace diecisiete años trabajo en la misma empresa realizando funciones de ingeniería y compras. A lo largo de mi trayectoria profesional me he enfrentado a conflictos interpersonales recurrentes, consecuencia de frecuentes «estallidos de ira». Yo siempre había creído que completar los trabajos era lo más importante y que el deterioro de las relaciones era un daño colateral con el que podía vivir.

Mi superior inmediato había asistido al curso de Conversaciones Cruciales organizado para los directivos de alto nivel de nuestra empresa. El siguiente paso era que el segundo nivel de directivos y formadores asistieran también. Yo no formo a nadie, pero aun así mi jefe me inscribió en el curso.

Lo primero que pensé fue: «¡La verdad es que no tengo tiempo para este rollo!» Pero transcurridos los primeros minutos, me di cuenta de que no sólo estaba en el lugar adecuado, sino que había posibilidades de aprender algo. Me senté para prestar atención y asimilé todo lo que pude. Cuando «Aprendí a Observar», repasé mentalmente incidentes del pasado y me di cuenta de en dónde me había equivocado. Me percaté de que no prestaba atención al relacionarme con los demás, sin reparar cuando se decantaban por el silencio o la violencia. La causa era mi actitud de «o a mi manera o te largas» con que solía presionar a los demás hasta que optaban por callarse, lo cual yo interpretaba como un consentimiento.

Durante el curso, volví a leer algunos capítulos y hablé con mis compañeros de curso. Me reuní con mi compañero de aprendizaje, y me confesó con toda franqueza que muchos de mis compañeros de trabajo creían que poseía un alto grado de conocimiento, pero evitaban tratar conmigo porque no sabían cuando iba a tener el siguiente arrebato de ira.

Al poco tiempo de terminar el curso, el director de ingeniería me llamó a su despacho. Me iba a poner a prueba a causa de los comentarios que circulaban sobre mis exabruptos: tenía tres meses para dar-mejorar a las cosas o estaría acabado. Me pasé toda la noche dándole vueltas a lo que iba a hacer. Me di cuenta de que lo que había aprendido sobre mí en el curso de Conversaciones Cruciales me daba los medios para solucionar el problema. Antes del curso, no tenía ni la más remota idea de cómo darle la vuelta a la situación, y lo más probable es que hubiera salido por la puerta. Pero gracias a Conversaciones Cruciales, acepté el desafío.

Mi instructor me dijo que esto tendría que ser una «cambio vital» y no sólo un cambio temporal, y me di cuenta de que tenía que limar algunas asperezas dentro de la empresa. Sabía que iba a ser un camino largo y difícil. Disculparse era difícil, pero quería cambiarme a mí mismo.

Ya ha pasado un año y sigo trabajando en la misma compañía. Estoy sorprendido por todo lo acaecido en este último año. He resuelto todas las diferencias, y de vez en cuando las personas han recurrido a mí en busca de consejo para arreglar determinadas situaciones. Incluso he mantenido conversaciones cruciales con directivos de nuestra empresa en representación de los demás. Mi esposa me dice que mi patrón de conducta de los últimos treinta años ha cambiado. Las cosas que solían provocarme un estallido de ira en casa ya no lo hacen, y ella dice que es como si estuviera casada con otra persona. Y soy una persona diferente; una que incluso me gusta. Sin duda, Conversaciones Cruciales me ha cambiado, y este viejo diablo ha aprendido nuevas artimañas.

Tom E.

RESUMEN — APRENDER A OBSERVAR

Cuando nos vemos atrapados en una conversación crucial, es difícil ver exactamente qué sucede y por qué. Cuando una conversación comienza a volverse tensa, a menudo hacemos exactamente lo contrario de lo más indicado. Recurrimos a los componentes menos sanos de nuestro Estilo Bajo Presión.

Aprender a observar

Para abandonar este círculo vicioso, aprenda a observar.

- Aprenda a observar el contenido y las condiciones.
- Preste atención al momento en que las cosas se vuelven críticas.
- Aprenda a identificar problemas de seguridad.
- Observe si otros adoptan una actitud de silencio o violencia.
- Esté atento a los arranques de su Estilo Bajo Presión.

5

Las palabras dichas a tiempo son como manzanas de oro en bandejas de plata.

PROVERBIOS, 25:11

Crear seguridad

Cómo crear seguridad para hablar de casi cualquier cosa

El último capítulo contenía una promesa. Si identifica los riesgos para la seguridad cuando surgen, puede tomar distancia con la conversación, crear seguridad y luego encontrar una manera para dialogar acerca de casi cualquier cosa. En este capítulo, llevaremos a cabo esa promesa enseñando lo que se requiere para restablecer la seguridad.

Para empezar, escuchemos a una pareja mientras intentan abordar uno de los temas más delicados: el de la intimidad física.

Antes, unos breves antecedentes. Joaquín cree que él e Ivette tienen encuentros íntimos con demasiada poca frecuencia. Ivette está satisfecha con su relación física. Durante años, los dos han optado más por actuar, que por hablar de sus preocupaciones. Cuando Joaquín desea mostrarse afectivo e Ivette no responde, él se retrae en el silencio. Se molesta, no dice casi nada y la evita durante los días siguientes.

Ivette sabe lo que le pasa a Joaquín. De vez en cuando cede a sus deseos aunque no se sienta especialmente romántica. Hace esto con la esperanza de evitar que se enfade. Lamentablemente, después siente resentimiento hacia Joaquín, y pasa mucho tiempo antes de que se sienta verdaderamente atraída por él.

Así es el juego. Cuanto más insiste y se enfada Joaquín, menos atractivo e interesante le parece a Ivette. Cuanto más sucumbe Ivette y luego se molesta, menos interesada está en la relación. Cuanto más opten por actuar en lugar de abordar esta conversación crucial, más probable es que acaben tomando diferentes caminos. Ivette ha decidido tratar de una vez por todas el tema con Joaquín. En lugar de esperar hasta que los dos estén enfadados, ha escogido un momento en que están relajados en el sofá.

IVETTE: Joaquín, ¿podemos hablar de lo que sucedió anoche?, ya sabes, cuando te dije que estaba cansada...

JOAQUÍN: No sé si tengo ganas.

IVETTE: ¿Qué significa eso?

JOAQUÍN: ¡Estoy harto de que seas tú quien decida lo que hay que hacer y cuándo!

IVETTE: (*Abandona la habitación*)

TOME DISTANCIA, PROCURE SEGURIDAD Y REANUDE EL DIÁLOGO

De acuerdo, observemos a Ivette. Intentó abordar un tema difícil. Buena iniciativa. Ya se sentía incómoda y su compañero le habló de mala manera. No fue de ninguna ayuda. ¿Qué debería hacer ahora? ¿Cómo puede reanudar un diálogo sincero y sano? ¿Qué hace usted cuando no le parece seguro compartir con otra persona lo que piensa?

La clave consiste en distanciarse del contenido de la conversación, en no quedarse atrapado en las cosas que le dicen. Ivette abandonó la habitación porque estaba centrada en *qué* decía Joaquín. Si hubiese observado las condiciones de diálogo de Joaquín, habría identificado su utilización del sarcasmo, una forma de *silencio*. En lugar de hablar abiertamente de lo que le preocupa y contribuir al Fondo de Significados Compartidos, Joaquín suelta una crítica. ¿Por qué haría eso? *Porque no se siente seguro en el diálogo.*

Por desgracia, Ivette no ha caído en la cuenta de eso. Ahora bien, no queremos decir que la conducta de Joaquín sea aceptable, ni que Ivette deba tolerarla. Pero lo primero es lo primero: Empezar por el corazón. La primera pregunta es: «¿Qué deseo realmente?»

Si realmente desea tener una conversación sana acerca de un tema que podría consolidar o acabar con su relación, es posible que durante un rato tenga que ignorar el problema contingente, es decir, el sarcasmo de Joaquín.

Ahora mismo, Ivette tiene que crear seguridad, la suficiente para que pueda hablar de su relación física, sobre cómo Joaquín se enfrenta a ello, o de cualquier otra preocupación. Pero si no brinda esa seguridad, lo único que conseguirá es una perpetuación de los juegos de silencio y violencia.

En ese caso, ¿qué debería hacer?

En estas circunstancias, las personas *peor* dotadas para el diálogo hacen lo que hicieron Ivette y Joaquín. Al igual que éste, ignoran totalmente la absoluta necesidad de más seguridad. Dicen lo que se les pasa por la cabeza sin consideración alguna por cómo será percibido. O, como Ivette, llegan a la conclusión de que el tema no es nada seguro y se enfrascan en el silencio.

Las personas *bien* dotadas para el diálogo se dan cuenta de que hay un problema de inseguridad, pero lo solucionan de la manera exactamente opuesta. Intentan que el tema sea más atractivo suavizando su mensaje.

«Cariño, realmente quiero estar contigo pero tengo mucha presión en el trabajo y con el estrés se me hace más difícil disfrutar del tiempo que pasamos juntos.»

Intentan crear seguridad diluyendo o disfrazando su contenido. Esta estrategia, desde luego, evita el verdadero problema, que nunca llega a solucionarse.

Las personas *mejor* dotadas no se entregan a juegos. Y punto. Saben que para resolver su problema, tendrán que hablar sobre su problema, sin fingir, sin dorar la píldora ni falsear. Por lo tanto, hacen algo completamente diferente. Se distancian del contenido de la conversación, procuran seguridad y reanudan el diálogo. Una vez que la seguridad esté restablecida, pueden hablar sobre casi todo.

Por ejemplo, Ivette vuelve a la senda del diálogo diciendo: «¿Podemos hablar de otra cosa un momento? Quisiera explicarte lo que sucede cuando no nos entendemos en cuestiones de intimidad física. Sería conveniente que los dos compartiésemos ideas sobre lo que funciona y lo que no funciona. Mi objetivo no consiste en que te sientas culpable y, desde luego, no quiero que te pongas a la defensiva. Lo que realmente me gustaría es que encontráramos una solución que sea satisfactoria para los dos en nuestra relación».

OBSERVAR CUÁLES SON LAS CONDICIONES EN PELIGRO

A continuación, analicemos lo que hizo Ivette para establecer la seguridad, incluso cuando el tema es de alto riesgo, polémico y de intensas emociones. Ella se dio cuenta de que el primer paso para dar más seguridad es entender cuál de las dos condiciones de seguridad está en peligro. Cada una requiere una solución diferente.

El Objetivo Común: la condición de entrada

Antes que nada, ¿para qué hablar?

¿Recuerda la última vez que alguien le respondió con un comentario difícil y usted no adoptó una actitud a la defensiva? Un amigo le dijo cosas ante las cuales la mayoría de las personas se enfadan. Para que esta persona pueda expresar ese delicado mensaje, usted tiene que haber pensado que él o ella lo apreciaban, o apreciaban sus propósitos y objetivos. Eso significa que usted confiaba en sus *intenciones*, de modo que estaba dispuesto a escuchar comentarios bastante duros.

Las conversaciones cruciales a menudo acaban mal, no a causa de que a los demás les disguste el *contenido* de la conversación, sino porque creen que el contenido (aunque sea expresado de una manera amable) sugiere que usted tiene una *intención* maliciosa. ¿Cómo se pueden sentir seguros los demás cuando creen que usted piensa hacerles daño? De inmediato, todas las palabras que pronuncie serán sospechosas. No podrá pronunciar un inofensivo «buenos días» sin que los demás lo interpreten de una manera negativa.

Por consiguiente, la primera condición de la seguridad es un *Objetivo Común*. Objetivo Común significa que otros perciben que trabajamos en aras de un resultado común en la conversación, que nos preocupan sus objetivos, intereses y valores. Y viceversa. Usted cree que a ellos les preocupan los de usted. Por lo tanto, el Objetivo Común es la primera condición para entablar un diálogo. Después de identificar un Objetivo Común, siempre habrá una buena razón y un clima sano para conversar.

Por ejemplo, si Joaquín cree que el objetivo de Ivette al mencionar el tema consiste en hacerle sentirse culpable o en salirse con la suya, esta conversación está destinada al fracaso desde el principio. Si Joaquín cree que realmente a ella le preocupa mejorar las cosas para ambos, puede que tenga una posibilidad.

Esté alerta a señales de que el Objetivo Común peligra. ¿Cómo sabemos cuándo el problema de seguridad que observamos se debe a una falta de Objetivo Común? En realidad, es bastante fácil saberlo. En primer lugar, cuando el objetivo está en peligro acabamos en una discusión. Cuando otros comienzan a imponer sus opiniones al fondo de significados suele ser porque creen que nosotros intentamos ganar y que ellos tienen que hacer lo mismo. Otras señales de que el objetivo está en peligro son las actitudes a la defensiva, las ideas no compartidas (la forma silenciosa que expresa el objetivo frustrado), las acusaciones y la vuelta una y otra vez al mismo tema. He aquí algunas preguntas clave para saber cuándo peligra el Objetivo Común:

- ¿Creen los otros que me importan sus objetivos en esta conversación?
- ¿Confían en mis motivos?

Recuerde el adjetivo «común» en el rótulo Objetivo Común. Sólo una palabra para los más sabios. El Objetivo Común no es una técnica. Para tener éxito en las conversaciones cruciales, deben importarnos verdaderamente los intereses de los demás, no sólo los nuestros. El objetivo tiene que ser realmente común. Si nuestro objetivo es conseguir lo que queremos para manipular a los otros, esto se verá rápidamente, se destruirá la seguridad y no tardaremos en volver al silencio y la violencia. Antes de que comience, analice sus motivaciones. Formúlese las preguntas de Empezar por el corazón:

- ¿Qué deseo para mí?
- ¿Qué deseo para los otros?
- ¿Qué deseo para la relación?

Atento a los elementos comunes. Veamos cómo se aplica el Objetivo Común a un ejemplo difícil, un ejemplo donde, a primera vista, podría parecer que su objetivo consiste en mejorar las cosas sólo para usted. ¿Cómo se puede encontrar un Objetivo Común en este caso? Digamos que tiene un jefe que a menudo no cumple con sus compromisos. ¿Cómo podría decirle al jefe que no confía en él? Seguro que no hay manera de decirle esto sin que él adopte una actitud a la defensiva o vengativa, porque sabe que el único interés que usted persigue es mejorar las cosas para sí mismo.

Para evitar el fracaso, encuentre un Objetivo Común que sea tan estimulante para el jefe que le incite a escuchar sus preocupaciones. Si la única razón que tiene para acercarse al jefe es conseguir lo que quiere, el jefe verá en usted a un crítico y a un egoísta, lo cual sería verdad. Por otro lado, si intenta ver el punto de vista de la otra persona, descubrirá a menudo una manera de llevarla de buena gana a conversar, incluso cuando se trate de asuntos muy delicados. Por ejemplo, si se debe al comportamiento del jefe que usted no cumpla los plazos que a él le importan, o que incurra en costos que le obsesionan, o que disminuya la productividad que a él tanto le preocupa, entonces se encuentran frente a un posible Propósito Común.

Imagínese que aborda el tema de la siguiente manera: «Tengo algunas ideas sobre cómo ser mucho más fiable e incluso disminuir costos en varios miles de dólares en la elaboración del informe mensual. Se trata de una conversación algo delicada, pero creo que nos será muy útil si la abordamos».

El Respeto Mutuo: la condición de la continuidad

¿Seremos capaces de seguir dialogando?

Si bien es verdad que no hay motivo para entablar una conversación crucial si no existe un Objetivo Común, también es verdad que no podemos seguir dialogando si no observamos un Respeto Mutuo. El Respeto Mutuo es la condición para la continuidad del diálogo. Cuando las personas perciben que sus interlocutores no los respetan, la conversación se vuelve inmediatamente insegura y el diálogo se frena en seco.

¿Por qué? Porque el respeto es como el aire. Mientras está presente, nadie piensa en él. Pero si lo eliminamos, es lo *único* en que piensan las personas. Desde el momento en que nuestro interlocutor percibe una falta de respeto en una conversación, la interacción ya no se produce en torno al objetivo original. Ahora se trata de defender la propia dignidad.

Por ejemplo, imagine que tiene que hablar con un grupo de supervisores acerca de un complejo problema de calidad. Usted tiene la firme intención de ver el problema resuelto de una vez por todas. Su empleo depende de ello. Por desgracia, también piensa que los supervisores reciben sueldos exagerados y no están suficientemente cualificados. Tiene la firme convicción de que no sólo no poseen los conocimientos necesarios, sino que cometen errores estúpidos sin parar. Algunos incluso tienen un comportamiento poco ético.

Cuando los supervisores expresan sus ideas, usted pone los ojos en blanco. La falta de respeto que le ronda el pensamiento y que trata de mantener oculto se revela en un gesto desafortunado. Ahí acaba todo. Sin Respeto Mutuo, la conversación se va al garete, y ahora los supervisores atacan sus propuestas. Usted usa adjetivos insultantes al describir las de ellos. A medida que la atención se centra en ganar puntos, todos pierden. El Objetivo Común padece de una falta de Respeto Mutuo.

Señales delatoras. Para saber cuándo se viola el respeto y la seguridad, manténgase alerta a las señales de que las personas adoptan actitudes en defensa de su dignidad. Cuando las personas sienten que se les falta el respeto, sus emociones se cargan notablemente, y pasan del miedo a la rabia. Luego recurren a gestos y muecas, insultos, gritos y amenazas. Formúlese la siguiente pregunta para saber cuándo peligra el Respeto Mutuo:

- ¿Creen los otros que los respeto?

¿Podemos respetar a las personas que no respetamos?

Algunas personas temen que jamás serán capaces de plantearse un Objetivo Común o un Respeto Mutuo con ciertos individuos o en ciertas circunstancias. Se preguntan cómo pueden compartir un objetivo con personas de orígenes completamente diferentes o cuya moral o valores son distintos de los suyos. ¿Qué hace usted, por ejemplo, si se siente enfadado porque alguien lo ha decepcionado? Y si esto ha pasado en repetidas ocasiones, ¿cómo puede respetar a una persona que está tan escasamente motivada y es tan egoísta?

Ivette lucha precisamente contra este aspecto. Hay momentos en que ni siquiera le gusta Joaquín. Lo ve como una persona malhumorada y centrada en sí misma. ¿Cómo se puede tener respeto para hablar con alguien *así*?

El diálogo estaría realmente destinado al fracaso si tuviéramos que compartir todos los objetivos o respetar todos los rasgos de carácter de la otra persona antes de que entablásemos una conversación. Si esto fuera así, todos permaneceríamos mudos. Sin embargo, podemos mantener un diálogo encontrando una manera de respetar y tener en cuenta la humanidad elemental de la otra persona.

A menudo, el sentimiento de falta de respeto surge cuando nos ponemos a pensar que los otros son *diferentes* a nosotros. Podemos contrarrestar este sentimiento permaneciendo atentos a los aspectos en que somos similares. Sin perdonar su conducta, intentamos simpatizar, incluso empatizar con ellos.

Una persona bastante perspicaz, propuso en una ocasión la práctica de este principio adoptando la forma de una oración: «Señor, ayúdame a perdonar a aquellos que pecan de manera *diferente* de la mía». Cuando reconocemos que todos tenemos debilidades, es más fácil encontrar una manera de respetar a los demás, y al hacerlo, tenemos una sensación de pertenencia, un sentido de la semejanza entre nosotros y hasta con la persona de más difícil trato. Este sentido de pertenencia y de relación con otros nos ayuda a crear el Respeto Mutuo y, a la larga, nos permite dialogar con prácticamente cualquier persona.

Pensemos en el siguiente ejemplo. En una empresa manufacturera se arrastraba una huelga desde hacía más de seis meses. Al final, el sindicato acordó volver al trabajo, pero los trabajadores tuvieron que firmar un contrato cuyas condiciones, de hecho, eran peores de las que ellos pedían al comienzo. El día de regresar al trabajo, estaba claro que a pesar de que los obreros trabajarían, no lo harían con una sonrisa en la cara ni pondrían demasiada agilidad en ello. Todos estaban furiosos. ¿Cómo pensaban prosperar de esa manera?

Preocupado porque, a pesar de que hubiera terminado la huelga, la batalla aún proseguía, un administrador le pidió ayuda a uno de los autores de este libro. Éste se reunió con los dos grupos de dirigentes (administradores y jefes del sindicato) y les pidió que siguieran sus instrucciones. Los dos grupos se reunirían por separado en sendas salas y redactarían sus objetivos para la empresa en un papel *post-it* tamaño gigante. Durante dos horas, los dos grupos redactaron febrilmente lo que deseaban en el futuro y luego lo pegaron a la pared. Cuando acabaron su tarea, cambiaron de sala con el objetivo de encontrar cualquier cosa, aunque fuera sólo fuera un detalle, que pudieran tener en común las propuestas.

Después de unos minutos, los dos grupos volvieron a la sala de reunión. Estaban absolutamente sorprendidos. Era como si hubiesen escrito las mismas listas. No sólo compartían matices de una o dos ideas. Sus aspiraciones eran casi idénticas. Todos anhelaban una empresa que diera beneficios, con empleos estables y bien remunerados, con productos de alta calidad y un impacto positivo en la comunidad. Al tener una oportunidad de hablar libremente y sin temor a ser atacado, cada grupo redactó no sólo lo que ellos deseaban, sino lo que prácticamente deseaban todos.

Esta experiencia llevó a ambos grupos a cuestionarse en profundidad cómo se habían percibido mutuamente. Los dos grupos comenzaron a verse como más similares entre sí. Entendieron que las tácticas mezquinas y políticas que los otros habían utilizado eran vergonzosamente similares a las que ellos mismos habían empleado. Los «pecados» de los otros eran diferentes de los suyos, pero esto se debía más al papel que desempeñaban que al defecto fundamental de su carácter. Restablecieron el Respeto Mutuo y el diálogo reemplazó al silencio y la violencia por primera vez en décadas.

¿QUÉ HACER UNA VEZ QUE TOMA DISTANCIA?

Cuando vea que peligra el Respeto Mutuo o el Objetivo Común, hemos dicho que no debería ignorarlo. También hemos sostenido que debería ser capaz de encontrar tanto el Objetivo Común como el Respeto Mutuo, incluso con personas que sean muy diferentes.

¿Cómo? ¿Qué se supone que debemos hacer en la práctica? Hemos compartido unas cuantas ideas modestas (sobre todo cosas que evitar), de modo que ahora abordaremos tres poderosas habilidades que utilizan las personas mejor dotadas para el diálogo:

- Pedir disculpas
- Utilizar la habilidad del contraste
- Crear un Objetivo Común

Cada una de estas habilidades contribuye a restablecer el Respeto Mutuo o el Objetivo Común. Para empezar, las estudiaremos en la práctica. Después, veremos si ayudan a Ivette a que las cosas vuelvan a encarrilarse.

¿Dónde estaba usted? Está hablando con un grupo de empleados que han trabajado toda la noche preparándose para la visita de una persona importante. Usted tenía que traer a la vicepresidenta de la división y los miembros del equipo lo pondrían al corriente de un nuevo proceso que han elaborado. Están orgullosos de ciertas mejoras que han introducido recientemente, lo suficiente como para haber trabajado toda la noche hasta acabar con los últimos detalles.

Lamentablemente, cuando llega el momento de pasar por esa sección, la vicepresidenta deja caer una bomba. Le informa a usted acerca de un plan que, en su opinión, perjudicaría la calidad y potencialmente ahuyentaría a sus principales clientes. Puesto que sólo dispone de una hora con esa persona importante, usted decide abordar el tema en lugar de llevar a cabo la visita. Su futuro depende de esa conversación en concreto. Afortunadamente, consiguen remodelar el plan original. Aunque, por desgracia, se ha olvidado de comunicárselo al equipo que ha trabajado con tanto ahínco.

Cuando vuelve a su despacho después de acompañar a la ejecutiva hasta su coche, se encuentra con el equipo. Con cara de cansancio y decepcionados, ahora los seis están furiosos. Ninguna visita, ni una llamada por teléfono, y están convencidos, por la manera en que usted pasó corriendo por su lado, que ni siquiera había pensado en detenerse a darles una explicación.

Eso duele.

En ese momento, las cosas empiezan a ponerse feas. «¡Hemos trabajado toda la noche y usted ni siquiera se ha molestado en venir! ¡Es la última vez que damos todo por usted! Ni siquiera un mensaje de texto diciéndonos que surgió un imprevisto. Mucha Gracias.»

El tiempo se ha detenido. Este diálogo acaba de convertirse en una conversación crucial. Los empleados que habían trabajado tanto están, evidentemente, enfadados. Sienten que se les ha faltado el respeto, a pesar de que no había sido su intención ser irrespetuoso.

Pero usted no restablece la seguridad. ¿Por qué? Porque ahora es *usted* el que piensa que le han faltado al respeto. Lo han atacado. De modo que se queda prendido del contenido de la conversación, pensando que esto tiene algo que ver con la visita de la empresa.

«Tenía que escoger entre el futuro de la empresa y la visita. Opté por nuestro futuro, y lo volvería a hacer si fuera necesario.»

Ahora usted y ellos reclaman respeto. Esto no nos llevará a ninguna parte. Pero ¿qué otra cosa podía hacer?

En lugar de quedarse atrapado y devolver el golpe, romper con el círculo vicioso. Ver la conducta agresiva de ellos como lo que es (una señal de que la seguridad peligra), distanciarse de la conversación, crear seguridad y volver al contenido. He aquí cómo.

Pedir disculpas cuando sea lo indicado

Cuando cometa un error que cause daño a otras personas (por ejemplo, no convocar al equipo) comience con una disculpa. Una disculpa es una declaración que expresa sinceramente su pesar por su responsabilidad en provocar o, al menos no impedir, el dolor o las dificultades causadas a otros.

«Lamento no haber llamado cuando supe que no vendría. Trabajaron toda la noche, y habría sido una excelente oportunidad para mostrar sus innovaciones. Y yo ni siquiera os expliqué lo que había sucedido. Les ofrezco disculpas.»

Ahora bien, una disculpa no es realmente una disculpa a menos que usted experimente un cambio de actitud. Para ofrecer unas disculpas sinceras, sus motivaciones tienen que cambiar. Tiene que renunciar a cuidar su honor, a tener razón o a ganar, y centrarse en lo que realmente desea. Tiene que sacrificar una parte de su ego reconociendo su error. Pero, al igual que muchos sacrificios, cuando renuncia a algo que valora, se ve recompensado con algo aún más valioso, en este caso, un diálogo sano y mejores resultados.

Acto seguido, observe para ver si esta sincera demostración de respeto ha contribuido a restablecer la seguridad. Si así es, ahora puede explicar los detalles de lo que ha ocurrido. Si no, tendrá que utilizar una de las habilidades más avanzadas que describimos en las páginas siguientes. En cualquier caso, primero hay que crear seguridad. Luego volveremos sobre el tema.

Recuerde, cuando su conducta haya dado a alguien motivos para dudar de su respeto o compromiso con el Objetivo Común, es probable que su conversación acabe en un juego banal y en malentendidos fastidiosos hasta que usted ofrezca sus sinceras disculpas.

El contraste para remediar los malos entendidos

A veces otras personas sienten que se les falta el respeto durante conversaciones cruciales aunque nosotros no hayamos cometido ninguna falta. Desde luego, hay momentos en que faltamos al respeto porque nos comportamos de un modo abiertamente hiriente. Pero con la misma frecuencia, el insulto es absolutamente no intencionado.

Lo mismo puede pasar con el Objetivo Común. Puede que empecemos compartiendo inocentemente nuestras opiniones, y que las otras personas crean que nuestra intención es dañarlas u obligarlas a aceptar nuestra opinión. Es evidente que, en esas circunstancias, disculparse no es lo indicado. Sería poco inteligente reconocer que hemos cometido un error cuando no es cierto. ¿Cómo, entonces, se puede reconstruir el Objetivo Común o el Respeto Común con el fin de que sea seguro reanudar el diálogo?

Cuando otros malinterpreten su objetivo o su intención, tome distancia con la discusión, y reconstruya la seguridad utilizando una habilidad llamada *Contraste*.

El Contraste es una afirmación «no/sí» que busca:

- Aborda las inquietudes de otros acerca de que usted no los respeta o que tiene una intención perjudicial (Proposición del *no*).

- Confirma su respeto o aclara su verdadero objetivo (Proposición del *sí*).

Por ejemplo:

[La proposición del *no*] «Lo último que quisiera es transmitir la idea de que no valoro el trabajo que han realizado o de que no quería compartirlo con el vicepresidente.»
[La proposición del *sí*] «Creo que su trabajo no merece ningún calificativo por debajo de espectacular.»

Ahora que ha abordado la amenaza a la seguridad, puede volver al tema de la visita en sí misma y proceder a remediarlo:

Por desgracia, justo cuando nos dirigíamos hacia aquí, surgió un problema con el vicepresidente que tuve que atender de inmediato o podría haberle costado muy caro a la empresa. Les diré qué haremos, veré si puedo traerlo en algún momento mañana para que conozca su trabajo. Aprovechando vendrá a la ceremonia de apertura, veré si podemos enseñarle los procesos que perfeccionaron.

De las dos proposiciones del Contraste, la del *no* es la más importante porque trata con los malentendidos que han puesto la seguridad en peligro. Los empleados que trabajaron con tanta ilusión reaccionan porque creen que usted no valora sus esfuerzos y que no le importan lo suficiente como para mantenerlos informados, cuando la verdad era exactamente lo contrario. De modo que ahora aborda el malentendido y explica cuáles no eran sus intenciones. Una vez hecho esto, y cuando la seguridad ha vuelto a instalarse en la conversación, puede explicar cuáles sí son sus intenciones. La seguridad antes que nada.

Volvamos a Ivette y Joaquín. Ivette intenta empezar la conversación y Joaquín sospecha de sus motivos. Veamos cómo le puede ayudar a ella el Contraste.

IVETTE: Creo que las cosas empeoran cuando te apartas y no quieres hablar conmigo durante días.

JOAQUÍN: ¿De modo que no sólo esperas que tenga que aguantar los rechazos de siempre, sino que también tengo que mostrarme sociable y contento?

Al parecer, Joaquín cree que el objetivo de Ivette es cambiarlo. Eso es poco seguro. El Objetivo Común peligra. En lugar de responder a su sarcasmo, ella debería apartarse del contenido y aclarar sus verdaderos motivos.

115

IVETTE: No quiero dar a entender que este problema es sólo tuyo. La verdad es que pienso que es nuestro. No intento cargarte a ti con él. Ni siquiera sé cuál es la solución. Lo que sí quiero es que hablemos para que nos entendamos mejor. Quizás eso también me ayudará a cambiar mi manera de responderte.

JOAQUÍN: Ya sé cómo terminará esto. Hablamos, y después me sigues rechazando, pero te sientes bien contigo misma porque «nos hemos comunicado». ¿Has estado leyendo el libro de autoayuda otra vez?

Es evidente que Joaquín sigue creyendo que Ivette sólo desea corroborar que su actual relación está bien y que, si lo consigue, podrá seguir rechazándole, y seguir sintiéndose bien. Joaquín sin embargo está inseguro. De modo que Ivette vuelve a distanciarse y a crear seguridad utilizando el Contraste.

IVETTE: En serio, cariño. No me interesa hablar de lo bien que va nuestra relación, porque no es así. Sólo quiero hablar de lo que cada uno de nosotros quiere y no quiere. De este modo veremos lo que es necesario mejorar y por qué. Mi único objetivo es que tengamos ideas que nos dejen contentos a los dos.

JOAQUÍN: (*Cambiando de tono y de actitud*). ¿De verdad? Lamento sentirme tan inseguro cuando hablamos de esto. Sé que soy un poco egoísta, pero no sé qué hacer para sentirme diferente.

Contrastar no es pedir disculpas. Es importante entender que contrastar no es pedir disculpas. No es una manera de retractarnos de algo que hemos dicho y que ha herido los sentimientos de otra persona. Más bien, es una manera de asegurar que lo que hemos dicho no causará más daño de lo que debiera. Una vez que Ivette aclaró su verdadero objetivo (no un mero objetivo inventado que a Joaquín le pudiera parecer atractivo), Joaquín se sintió más seguro reconociendo su propia responsabilidad y los dos volvieron al diálogo.

El Contraste define el contexto y la magnitud. Cuando se encuentra en medio de una conversación difícil, a veces los otros experimentan sus palabras como más fuertes o peores de lo que usted pretende. Por ejemplo, usted habla con su colaborador acerca de su falta de puntualidad. Pero cuando usted comparte su inquietud, él se derrumba.

A esas alturas, puede que se vea tentado de suavizar su contenido: «Pues, verás, en realidad no es tan importante». No ceda a la tentación. No se arrepienta de lo que ha dicho. En su lugar, sitúe sus comentarios en un contexto. Por ejemplo, llegados a ese punto puede que su colaborador crea que usted está insatisfecho con todos los aspectos de su trabajo. Cree que su perspectiva del problema en cuestión representa la totalidad del respeto que usted le tiene. Si esta idea es incorrecta, utilice el Contraste para aclarar lo que piensa y lo que no piensa. Empiece por aquellas cosas que no piensa.

«Déjame que te lo explique. No quiero que pienses que no estoy satisfecho con la calidad de tu trabajo. Quiero que sigamos trabajando juntos. Realmente pienso que trabajas bien. Este tema de la puntualidad es importante para mí y sólo quisiera que intentaras remediarlo. Si cuidas un poco ese aspecto, no habrá problemas.»

Utilice el Contraste como prevención o primeros auxilios. El Contraste puede ser útil tanto como prevención o como primeros auxilios cuando hay problemas de seguridad. Hasta ahora, nuestros ejemplos nos han ayudado a aplicar los primeros auxilios a una conversación herida. Alguien se ha tomado algo a mal y nosotros hemos intervenido para aclarar nuestro verdadero objetivo o el sentido de nuestras palabras.

Cuando somos conscientes de que algo que estamos a punto de aportar al fondo de significados podría crear una avalancha de actitudes a la defensiva, utilizamos el Contraste para potenciar la seguridad, incluso antes de que veamos a otros recurrir al silencio o a la violencia.

«No quiero que pienses que no valoro el tiempo que has invertido en mantener nuestra cuenta equilibrada y al día. Lo aprecio de verdad, y sé que yo no podría hacerlo ni la mitad de bien. Sin embargo, me preocupa un poco nuestra manera de utilizar el nuevo sistema de banca electrónica.»

Cuando las personas no le entienden bien y usted comienza a rebatir los malentendidos, deténgase. Utilice el Contraste. Explique cuáles son sus intenciones hasta que haya restablecido la seguridad. Después, reanude el diálogo. La seguridad antes que nada.

Su intento

Pongamos esto en práctica. Lea las situaciones descritas más abajo y elabore sus propias proposiciones de Contraste. Recuerde, contraste lo que no quiere o pretende con lo que realmente quiere o pretende. Dígalo de tal manera que contribuya a procurar seguridad a la otra persona.

Compañera de apartamento enfadada. Le ha pedido a su compañera de apartamento que quite las cosas del refrigerador que están en su espacio y las coloque en el que le corresponde a ella. Usted pensaba que aquello no era un gran problema, sólo ha pedido que repartan el espacio a medias. No tiene intenciones ocultas. Esta compañera de piso le cae muy bien. Y ella responde: «Ya estás otra vez, diciéndome cómo tengo que organizar mi vida. No puedo siquiera cambiar la bolsa de la aspiradora sin que vengas y me des tus consejos».

Formule una afirmación de Contraste inicial.

No quiero _____

Quiero _____

Empleado susceptible. Ha decidido hablar con Jacob, un empleado que suele explotar cuando alguien intenta hacerle algún comentario. Ayer, una colega le dijo a Jacob que debería dejarlo todo limpio después de utilizar el comedor (algo que hacen todos los demás) y él estalló en cólera. Usted ha decidido tomar cartas en el asunto. Desde luego, tendrá que hacerle algún comentario, y eso es lo que suele desatar su ira, de modo que deberá andarse con cuidado. Tendrá que emplear el tono correcto y explicar el contexto con cautela. Al fin y al cabo, Jacob le cae bastante bien. Le cae bien a todos. Tiene un gran sentido del humor y es el empleado más competente y trabajador de la oficina. Si no fuera porque es tan susceptible.

Formule una afirmación de Contraste inicial.

No quiero _____

Quiero _____

Adolescente que no para de chatear. Su sobrino adolescente vino a vivir con usted cuando su padre (su hermano) falleció y su cuñada ya no pudo con él. El chico empezaba a pasar el rato con amistades que no debía. Siempre ha tenido una buena relación con usted y las cosas han funcionado bien salvo en un aspecto: su sobrino pasa muchas horas al día conectado a Internet. Lo que a usted le preocupa es que el chico no esté llevando una vida equilibrada. No es que esté realmente inquieto, pero le gustaría conseguir que prestara atención al problema de su posible futuro. Usted le ha dicho algo acerca de dedicar menos tiempo a estar conectado a Internet, y él ha respondido: «¡Por favor, no me mandes a un albergue juvenil! ¡Me portaré bien! Te lo prometo. Dejaré de utilizar la computadora. Pero no me obligues a marcharme.»

Formule una afirmación de Contraste.

No quiero _____

Quiero _____

CREAR UN OBJETIVO COMÚN

Agreguemos otra habilidad. A veces nos enredamos en una discusión porque tenemos claramente diferentes objetivos. No hay malentendidos. El Contraste no puede aplicarse. Necesitamos algo más sólido para estos casos.

Por ejemplo, acaban de ofrecerle un ascenso que le permitirá impulsar su carrera por un camino más despejado y que le otorgará mucha más autoridad. Por otro lado, el sueldo es una compensación lo bastante buena como para ayudar a suavizar la noticia de la mudanza. Esta última parte es importante porque tendrá que trasladarse con su familia al otro extremo del país y su mujer y sus hijos adoran el lugar donde viven actualmente.

Esperaba que su mujer tuviera sentimientos ambivalentes con la mudanza, pero al parecer ella no duda en lo más mínimo. Para su cónyuge el ascenso es un acontecimiento negativo. Primero, tendrán que mudarse y, segundo, usted tendrá que trabajar más horas. Todo aquello de tener más dinero y más poder no parece que la compense del tiempo que pierden para estar juntos. Y ahora, ¿qué?

Las personas *peor* dotadas para el diálogo ignoran el problema y siguen adelante o se inclinan y dejan que se imponga la opinión de los otros. Su opción está entre la competición o la sumisión. Ambas estrategias terminan por arrojar un balance de ganadores y perdedores y el problema continúa mucho más allá de la conversación iniciada.

Las personas *bien* dotadas para el diálogo optan inmediatamente por una solución intermedia. Por ejemplo, la pareja que se enfrenta a la mudanza monta dos hogares, uno donde el cónyuge trasladado trabajará y otro donde la familia vive actualmente. En realidad, nadie quiere este arreglo y, francamente, es una solución bastante poco atractiva destinada a crear problemas más graves, incluso llegando al divorcio. Si bien el acuerdo a veces es necesario, otras personas saben que éste no es el punto de partida.

Las personas *mejor* dotadas para el diálogo utilizan cuatro habilidades para encontrar un Objetivo Común. Por si le ayuda a recordar lo que hay que hacer, observe que las cuatro habilidades utilizadas para crear el Objetivo Común conforman el acrónimo CRIB.

Comprométase para definir un objetivo común

Como sucede con la mayoría de las habilidades para el diálogo, si quiere reanudar una conversación, tiene que Empezar por el corazón. En este caso, tiene que *acordar ponerse de acuerdo*. Para tener éxito, tenemos que dejar de utilizar el silencio o la violencia para imponer a otros nuestro punto de vista. Debemos incluso renunciar al falso diálogo, cuando se trata de definir un Objetivo Común (argumentando tranquilamente nuestro punto de vista hasta que la otra persona cede). Empecemos por el corazón comprometiéndonos a perseverar en la conversación hasta que inventemos una solución que defina un objetivo que ambos compartamos.

Esto puede ser difícil. Para dejar de discutir, tenemos que dejar de creer que nuestra opción es la mejor y la única, y que no estaremos satisfechos hasta conseguir exactamente lo que deseamos en ese momento. Tenemos que abrir nuestro pensamiento al hecho de que, quizás, haya una tercera opción en alguna parte, una opción que conviene a todos.

También tenemos que estar dispuestos a verbalizar este compromiso, incluso cuando nuestro compañero parezca decidido a ganar. Actuamos pensando que nuestro compañero se ha enfrascado en el silencio o en la violencia porque se siente inseguro. Suponemos que si creamos más seguridad, demostrando nuestro compromiso para definir un Objetivo Común, la otra persona confiará más en el diálogo como posible solución productiva.

Así, la próxima vez que se encuentre atrapado en una guerra de voluntades, pruebe esta habilidad asombrosamente poderosa pero sencilla. Tome distancia con el contenido del conflicto y cree seguridad. Simplemente diga: «Parece que los dos estamos intentando imponernos mutuamente nuestra visión. Me comprometo a seguir con la conversación hasta que tengamos una solución con la que ambos nos sintamos satisfechos». A partir de entonces, observe si la seguridad cobra un giro positivo.

Reconocer el objetivo tras la estrategia

El deseo de definir un objetivo compartido es un excelente primer paso, pero por sí solo no es suficiente. Una vez que hayamos experimentado un cambio de actitud, tenemos que cambiar también nuestra estrategia. He aquí el problema que tenemos que resolver: cuando nos encontramos en un callejón sin salida es porque nosotros pedimos una cosa y la otra persona pide algo diferente. Pensamos que jamás encontraremos una solución porque establecemos una ecuación entre lo que pedimos y lo que queremos. En realidad, lo que pedimos es la *estrategia* que postulamos para conseguir lo que deseamos. Confundimos deseos u objetivos con estrategias. Ése es el problema.

Por ejemplo, vuelvo a casa del trabajo y digo que quiero ir al cine. Tú dices que quieres quedarte en casa y relajarte. Y entonces discutimos: el cine, la televisión, el cine, leer, etc. Pensamos que nunca podremos resolver nuestras diferencias porque salir y quedarse en casa son incompatibles.

Ante esas circunstancias, podemos romper el círculo vicioso preguntando al otro: «¿Por qué quieres eso?» En este caso:

—¿Por qué quieres quedarte en casa?

—Porque estoy cansada de correr de arriba abajo y tener que aguantar el ritmo de la ciudad.

—Entonces, ¿quieres paz y tranquilidad?

—Sobre todo. ¿Y por qué quieres ir tú al cine?

—Para estar un rato contigo y lejos de los niños.

Antes de que puedan definir un Objetivo Común, primero hay que saber cuáles son los verdaderos anhelos de las personas. Tomemos distancia con el contenido de la conversación, que generalmente se centra en las estrategias, y analicemos los objetivos subyacentes.

Cuando separamos las estrategias del objetivo, surgen nuevas opciones. Al renunciar a una estrategia y centrarnos en nuestro verdadero objetivo, ya estamos abiertos a la idea de que podríamos encontrar realmente alternativas que puedan beneficiar a los intereses de ambas partes.

—Tú quieres paz y tranquilidad y yo quiero estar contigo lejos de los niños. Si encontramos algo que sea tranquilo y esté lejos de los niños, los dos estaremos contentos. ¿No te parece?

—Desde luego. ¿Qué te parece si salimos a dar una vuelta en coche por el campo y...?

Inventar un Objetivo Común

A veces, cuando usted reconoce los objetivos en las estrategias de otra persona, descubre que realmente tienen objetivos compatibles. A partir de ese momento, es posible definir estrategias comunes. Pero no siempre tenemos tanta suerte. Por ejemplo, descubrimos que nuestros deseos y objetivos no pueden cumplirse excepto a expensas de los deseos y objetivos de la otra persona. En este caso no podemos *descubrir* un Objetivo Común. Eso significa que tendremos que *inventar* uno decididamente.

Para inventar un Objetivo Común, tiene que desplazarse hacia objetivos más amplios. Defina un objetivo que tenga más sentido o que compense mejor que aquellos que dividen a las diferentes partes. Por ejemplo, puede que usted y su cónyuge no estén de acuerdo en si debería o no aceptar el ascenso, pero sí pueden estar de acuerdo en que las necesidades de su relación y los niños son más importantes que las aspiraciones profesionales. Al centrarse en objetivos superiores y a más largo plazo, a menudo encontrará las maneras de trascender los acuerdos a corto plazo, crear un Objetivo Común y empezar a dialogar.

Brainstorming o lluvia de ideas para nuevas estrategias

Una vez que haya creado seguridad definiendo un Objetivo Común, debería tener suficiente seguridad como para volver al contenido de la conversación. Es hora de reanudar el diálogo y generar estrategias que satisfagan las necesidades de todos. Si se ha comprometido a encontrar algo con lo que todos estén de acuerdo, y ha manifestado lo que realmente desea, dejará de gastar su energía en conflictos improductivos y, en vez de eso, no tardará en encontrar opciones que satisfagan a todos.

Suspendamos los juicios y busquemos nuevas alternativas. ¿Puede encontrar una manera de trabajar en un empleo que sea local y que se adecue a sus objetivos profesionales? ¿Acaso *ese* empleo con *esa* empresa es lo único que le alegrará la vida? ¿Es realmente necesario mudarse para este nuevo empleo? ¿Hay otra comunidad que le ofrezca a su familia los mismos beneficios? Si no está dispuesto a darle una oportunidad a la creatividad, será imposible que definan juntos una opción aceptable para ambos. Si está dispuesto, sólo tiene el cielo como límite.

Crear un Objetivo Común

Resumiendo, cuando observe que usted y otros están trabajando en sentidos opuestos, he aquí un consejo. Primero, tome distancia con el contenido del conflicto. Dejé de centrarse en quién piensa qué. A continuación, cree el Objetivo Común.

- *Comprométase a buscar el Objetivo Común*. Pronuncie un compromiso público unilateral para seguir con la conversación hasta que encuentre algo que satisfaga a todos.

  «Esto no funciona. Tu grupo pretende quedarse hasta tarde y trabajar hasta que acabemos, y mi grupo quiere irse a casa y volver el fin de semana. ¿Por qué no vemos si encontramos algo que deje a todo el mundo contento?»

- *Reconozca el objetivo tras la estrategia.* Pregunte a las personas por qué desean aquello por lo cual luchan. Diferencie entre lo que piden y el fin que persiguen.

  «*Dime exactamente por qué no quieres venir el sábado por la mañana. Estamos cansados y nos preocupan las cuestiones de seguridad y de pérdida de calidad. ¿Por qué quieres quedarte hasta tarde?*»

- *Invente un Objetivo Común.* Si después de aclarar los objetivos de cada cual, persiste el conflicto, intente inventar un objetivo superior o a más largo plazo que sea más estimulante que aquellos que alimentan el conflicto.

  «*Desde luego no quiero que aquí haya ganadores ni perdedores. Será mucho mejor si inventamos algo que no enfrente a un grupo con otro. En otras ocasiones, hemos votado o hemos lanzado una moneda y los que pierden simplemente acaban molestos con los que ganan. A mí me preocupa más que nada cómo nos sentiremos unos con otros. Asegurémonos de que cualquiera que sea la decisión, no creemos una brecha en nuestra relación de trabajo.*»

- *Brainstorming o lluvia de ideas* para nuevas estrategias. Con un Objetivo Común bien definido puede unir los esfuerzos en la búsqueda de una solución que satisfaga a todos.

  «*De modo que tenemos que encontrar algo que no ponga en peligro la seguridad ni la calidad y permita que los de tu grupo asistan a la boda de su colega el sábado por la tarde. Los integrantes de mi equipo tienen un partido el sábado por la mañana. ¿Qué te parece si tu equipo trabajara por la mañana y las primeras horas de la tarde y luego el nuestro pudiera ir después del partido y tomar el relevo a partir de entonces? Así, podremos...*»

VOLVAMOS A IVETTE Y JOAQUÍN

Acabemos donde habíamos empezado. Ivette intentará dialogar con Joaquín. Observemos qué tal le va cuando intenta crear seguridad en su conversación crucial. Para empezar, utilizará el Contraste para impedir que se malinterprete lo que dice.

> IVETTE: Joaquín, quisiera hablar contigo acerca de nuestra relación física. No lo hago para señalar con un dedo acusador ni para sugerir que el problema es tuyo. Sé perfectamente que es tanto un problema mío como tuyo. Quisiera realmente hablar de ello para que las cosas mejoren para los dos.
>
> JOAQUÍN: ¿De qué hay que hablar? Tú no quieres. Yo sí quiero. Ya intentaré arreglármelas.
>
> IVETTE: Creo que es más complicado que eso. Tu manera de actuar a veces hace que me den menos ganas de estar contigo.
>
> JOAQUÍN: Si es así como te sientes, ¿por qué pensar que ni tan siquiera tenemos una relación?

De acuerdo, ¿qué acaba de ocurrir? Recordemos que estamos analizando la perspectiva que Ivette tiene de la conversación. Es ella quien inicia el diálogo. Queda claro que hay muchas cosas que Joaquín podría hacer para mejorar las cosas. Pero ella no es Joaquín. ¿Qué debería hacer Ivette? Debería centrarse en lo que realmente desea, a saber, encontrar una manera de mejorar las cosas para los dos. Por consiguiente, no debería responder al contenido de la frase hiriente de Joaquín. Más bien, debería observar el problema de seguridad subyacente. ¿Por qué intenta Joaquín rehuir a la conversación? Hay dos razones:

- Por la manera como Ivette definió su perspectiva, a él le pareció como si lo culpara de todo.

- Joaquín cree que la preocupación de Ivette en un aspecto concreto refleja la totalidad de sus sentimientos hacia él.

De modo que ella pedirá disculpas y utilizará el Contraste para reconstruir la seguridad.

> IVETTE: Siento haberlo dicho de esa manera. No te culpo por cómo me siento ni por mi manera de actuar. Eso es problema mío. No lo veo como tu problema. Lo veo como nuestro problema. Puede que los dos tengamos una manera de actuar que empeora las cosas. Por lo menos ése es mi caso.

> JOAQUÍN: Puede que también sea el mío. A veces me enfado porque me siento herido y lo hago esperando que tú te sientas mal. También lo siento por eso.

Observemos qué acaba de ocurrir. Puesto que Ivette ha afrontado bien el problema de la seguridad y se ha mantenido centrada en lo que realmente desea de esta conversación, Joaquín ha vuelto al diálogo. Esto es mucho más efectivo que si le hubiese culpado a él. Continuemos.

> JOAQUÍN: No veo cómo podemos solucionar esto. Yo estoy programado para ser más apasionado que tú. Me parece que la única solución sería que yo me conforme con las cosas como están o que tú te sientas como una esclava del sexo.

El problema ahora es el de un Objetivo Común. Joaquín cree que él e Ivette tienen objetivos opuestos. En su razonamiento, no hay ninguna posibilidad de una solución mutuamente satisfactoria. En lugar de buscar un acuerdo o querer imponer su opinión, Ivette tomará distancia con el tema y practicará el CRIH para definir el Objetivo Común.

IVETTE: *[Compromiso para definir un Objetivo Común]* No, no es eso lo que quiero. No quiero nada contigo que no sea lo mejor para los dos. Sólo quiero encontrar una manera de que los dos nos sintamos cerca, valorados y amados.

JOAQUÍN: Es lo mismo que quiero yo. Parece que tenemos los mismos sentimientos de maneras diferentes.

(Observemos que Joaquín deja el juego atrás y se une al diálogo. La seguridad, concretamente el Objetivo Común, lo hace posible).

IVETTE: *[Reconoce el objetivo tras la estrategia]* Quizá no. ¿Qué te hace sentirte amado y valorado?

JOAQUÍN: Hacer el amor contigo cuando realmente tienes ganas me hace sentirme amado y valorado. ¿Y a ti?

IVETTE: Cuando haces cosas amables por mí. Y, supongo, cuando me tienes a tu lado, pero no siempre sexualmente.

JOAQUÍN: ¿Quieres decir que el solo hecho de estar juntos te hace sentirte amada?

IVETTE: Sí. Y a veces, supongo, cuando pienso que lo haces porque me amas, el sexo también me da esa sensación.

JOAQUÍN: *[Inventa un objetivo común]* Entonces tenemos que encontrar una manera de estar juntos que nos haga sentirnos a ambos amados y valorados. ¿Es eso lo que buscamos?

IVETTE: Sí. También es lo que yo quiero de verdad.

JOAQUÍN: *[Lluvia de ideas para nuevas estrategias]* Pues, ¿qué te parece si...?

Respeto Mutuo

Vea dos vídeos que abordan el problema de la seguridad. En el primero, dos colegas están hablando de una decisión personal cuando la conversación se hace crucial y la seguridad es puesta en peligro. Después de verlo, pregúntese cómo utilizaría estas habilidades que acaba de aprender para restablecer la seguridad. Luego, ponga atención al segundo vídeo para ver una posible solución.

Para ver este vídeo, visite www.CrucialConversations.com/exclusive

¡YO JAMÁS PODRÍA HACERLO!

Leer una interacción complicada como ésta puede llevarnos a dos reacciones. En primer lugar, podríamos pensar: «Vaya, estas ideas realmente podrían funcionar!» Y, al mismo tiempo, podríamos pensar: «No hay manera de que yo pudiera pensar tan claramente en medio de una conversación tan delicada como ésa».

Reconocemos que es bastante fácil para nosotros reunir todas las habilidades cuando estamos sentados frente a una computadora redactando un guion. Pero la verdad es que estos ejemplos no han surgido de la nada; han surgido de la observación de personas habilidosas en acción. La gente siempre actúa de esta manera. De hecho, a usted mismo le sucede en sus mejores días.

De modo que no se abrume insistiendo en que usted piensa y actúa con tanta claridad y profesionalidad durante todas las conversaciones acaloradas y emocionales. Basta reflexionar sobre si podría pensar un poco más claramente durante unas cuantas conversaciones cruciales. O prepararse con antelación. *Antes* de que se inicie una conversación crucial, piense acerca de qué habilidades le ayudarían más. Recuerde que, cuando se trata de conversaciones donde hay importantes factores en juego, pequeños progresos pueden producir grandes beneficios.

Finalmente, como sucede hasta con los problemas más complicados, no apunte a la perfección. Apunte al progreso. Aprenda a calmar el proceso cuando su adrenalina se dispare. Lleve consigo en su vida diaria unas cuantas preguntas de las que le hemos sugerido. Escoja aquellas que considera las más relevantes para el problema en cuestión. Y verá cómo mejora poco a poco.

Mi conversación crucial: doctor Jerry M.

El lunes, una mujer ingresó en mi clínica para que se le practicara ese mismo día una cirugía de baipás vascular. El objetivo era aliviar el dolor en la extremidad por debajo de la rodilla causado por una mala circulación sanguínea. La paciente vivía en Mississipi, y había hecho un viaje de dos horas hasta Memphis para ver a un médico. El cirujano realizó la intervención con destreza y el resultado fue excelente. Al siguiente día, la paciente y su marido estaban locos de alegría porque el terrible dolor en el pie le había desaparecido.

El director de atención al paciente y el médico habían acordado provisionalmente que, si todo iba bien, la paciente podía ser dada de alta el jueves por la tarde. Como fuera que siguió mejorando, el director de atención organizó el alta para el jueves.

El jueves por la mañana, el director de atención le dijo al marido de la paciente que fuera a recoger a su esposa sin saber que el médico había escrito la siguiente nota: *Paciente con evolución favorable, pie caliente, pulso excelente, estable. Plan: alta el viernes antes mediodía.*

Al ver la nota, el director de atención intentó ponerse en contacto con el cirujano, lo que no logró hasta última hora de esa tarde, cuando éste se dirigía apresuradamente a su consulta. Como llegaba tarde, dijo bruscamente: «Tengo que ver a la paciente antes de darle el alta. No me pasaré a verla hasta mañana. No se va hoy a casa, y sanseacabó».

Alrededor de las tres de la tarde el director de atención se puso en contacto conmigo para pedir ayuda. Llamé inmediatamente al cirujano y empecé nuestra conversación elogiándole por su éxito y ofreciéndole mi ayuda. Le expliqué que la familia de la paciente había tenido que hacer un viaje de dos horas en coche para ir a recogerla, y que ella estaba lista para irse.

Me ofrecí para hacer todo el papeleo mientras él le daba instrucciones a la pareja por teléfono, pero se mantuvo en su postura: «No. Tengo que ver a esa paciente y no puedo ir hasta mañana». Y, poniéndose a la defensiva, añadió levantando la voz: «¿Te está obligando la compañía del seguro médico a que hagas esto? En suma, ¿por qué me estás presionando?»

Desconcertado, le respondí utilizando la habilidad del Contraste: «La verdad, ni siquiera sé quien va a pagar. La compañía del seguro médico no tiene nada que ver con esto; sólo intento satisfacer las necesidades de la paciente y de su familia. Han tenido una experiencia maravillosa. Piensan que eres capaz de obrar milagros. Se les dijo que podían irse a casa, y tengo miedo de que cancelar el alta pueda estropear la imagen de un resultado clínico fantástico.»

Sin saber bien qué decir, el cirujano respondió: «Diles que iré, pero no estaré ahí antes de las siete de la tarde».

Tras llegar a un acuerdo, le prometí que transmitiría su disposición a volver especialmente y darles instrucciones en persona. Fue esa noche, dio de alta a la paciente y evitó empeñar una atención médica por lo demás maravillosa.

En el entorno de la atención médica las conversaciones cruciales son una realidad desde el principio y se producen a cada momento. Esta conversación tuvo éxito porque seguí dos de las normas fundamentales: el Respeto Mutuo y el Objetivo Común.

DOCTOR JERRY M.

RESUMEN — CREAR SEGURIDAD

Tomar distancia

Cuando otros se inclinen por el silencio o la violencia, tome distancia con la conversación y procure que sea segura. Cuando se restablezca la seguridad, vuelva al tema en cuestión y reanude el diálogo.

Decidir cuál es la condición de la seguridad que peligra

- El Objetivo Común. ¿Creen otros que a usted le importan sus objetivos en esta conversación? ¿Confían en sus motivos?
- El Respeto Mutuo. ¿Creen los demás que usted los respeta?

Disculparse cuando sea apropiado

- Cuando haya faltado claramente el respeto, pida disculpas.

El contraste para definir el malentendido

- Cuando otros malinterpreten su objetivo o su imagen, utilice el Contraste. Comience con aquello que no pretende ni quiere decir.

  A continuación, explique lo que sí pretende o quiere decir.

Procurar un Objetivo Común

- Cuando los objetivos son contrarios, utilice las cuatro destrezas para recuperar el Objetivo Común:
- Compromiso para definir un Objetivo Común

- <u>R</u>econocer el objetivo tras la estrategia
- <u>I</u>nventar un Objetivo Común
- <u>B</u>*rainstorming* o lluvia de ideas para nuevas estrategias

6

*No es como tú juegas el juego,
sino como el juego te juega a ti.*

El dominio
de mis historias

*Cómo seguir dialogando cuando
nos sentimos enfadados,
atemorizados o heridos*

En este capítulo analizaremos cómo dominar las conversaciones cruciales aprendiendo a dominar nuestras emociones. Cuando aprendamos a influir en nuestros propios sentimientos, nos situaremos en una posición muy superior para utilizar todas las herramientas que hemos estudiado hasta ahora.

¡ME HA HECHO ENFADAR!

¿Cuántas veces hemos oído a las personas decir: «¡Me ha hecho enfadar!»? ¿Cuántas veces lo ha dicho usted? Por ejemplo, está tranquilamente sentado en casa viendo la televisión y llega su suegra (que vive con usted). La mujer echa una mirada a su alrededor y comienza a recoger las cosas que usted ha dejado desparramadas

135

unos minutos antes al prepararse un plato de patatas (papas) con ketchup. La suegra tiene la costumbre de andar por la casa refunfuñando, convencida de que usted es un vago.

Minutos más tarde, cuando su mujer le pregunta por qué está tan enfadado, usted le explica:

—Es tu madre otra vez. Estaba tan tranquilo aquí sentado cuando entró y me lanzó esa mirada suya. Te aseguro que me pone de los nervios. Para ser sincero, me gustaría que dejara de hacer eso. Es el único día que tengo libre, estoy tranquilamente relajado y viene ella y comienza a sacarme de quicio.

—¿Es ella la que te saca de quicio? —pregunta su mujer—. ¿O eres tú mismo?

He aquí una pregunta interesante.

Una cosa sí es segura. Independientemente de quién es el que saca de quicio a quién, algunas personas tienen la tendencia a reaccionar más explosivamente y con más intensidad que otras ante el mismo estímulo. Por ejemplo, ¿qué es lo que permite a algunas personas escuchar comentarios rotundos sin pestañear, mientras que otras montan en cólera cuando se les dice que tienen un poco de salsa en la barbilla? ¿Cómo se explica que a veces usted mismo pueda aceptar un ataque verbal sin inmutarse, y otras enfurecerse si alguien se atreve a lanzarle una mirada de reojo?

LAS EMOCIONES NO SE GENERAN PORQUE SÍ

Para responder a estas preguntas, empezaremos con dos afirmaciones más bien osadas (y, a veces, impopulares). Después, explicaremos la lógica en cada afirmación.

Primera afirmación. Las emociones no nos embargan como si se tratara de la niebla. No son los otros los que nos endosan las emociones. Aunque se sienta muy tranquilo al decirlo, no son otros *los que lo enfurecen*. Usted se enfurece a sí mismo. Usted se asusta, se enoja o se insulta a sí mismo. Usted y sólo usted crea sus emociones.

Segunda afirmación. Una vez que hemos creado nuestras emociones de disgusto, sólo tenemos dos opciones: podemos influir en ellas o ser influido por ellas. Es decir, cuando se trata de emociones intensas, o buscamos una manera de dominarlas o nos convertimos en sus rehenes.

He aquí cómo funciona.

LA HISTORIA DE MARÍA

Pensemos en María, una redactora publicitaria que actualmente se encuentra dominada por emociones muy intensas. Ella y su colega Luis acaban de revisar el último borrador de una propuesta con su jefe. Durante la reunión, se suponía que presentarían juntos sus últimas ideas. Pero cuando María hizo una pausa para respirar tras decir la introducción, Luis tomó el relevo de la presentación y siguió hasta explicar casi todos los puntos que habían elaborado entre los dos. Cuando el jefe se volvió hacia María para recibir más información, no quedaba nada por explicar.

María se ha sentido humillada e irritada a lo largo de este proyecto. Primero, Luis presentó como propias las sugerencias de ambos al jefe y habló con él a sus espaldas. Después, monopolizó completamente la presentación. Por lo tanto, ella cree que Luis ha minimizado su contribución porque es la única mujer del equipo.

Está comenzando a hartarse de esta mentalidad suya de «club de chicos». ¿Y ella qué ha hecho? No quiere parecer demasiado susceptible, de modo que la mayoría de las veces no dice nada y simplemente cumple con su trabajo. Sin embargo, consigue desahogarse de vez en cuando lanzando comentarios mordaces acerca de la manera en que la tratan.

—Claro que puedo conseguirte ese listado. ¿Quieres que además te traiga café y, ya que estoy, que te prepare un pastel? —murmura, y pone los ojos en blanco cuando abandona el despacho.

Por su parte, a Luis los comentarios desagradables y el sarcasmo de María lo desconciertan. No sabe con seguridad por qué está enfadada, pero comienza a detestar su actitud y sus reacciones hostiles a casi todo lo que él hace. El resultado es que cuando los dos trabajan juntos, se podría cortar la tensión del ambiente con un cuchillo.

¿Qué ha irritado a María?

Las personas *peor* dotadas para el diálogo caen en la trampa en que ha caído María. Ella no se percata para nada de una peligrosa suposición suya. Está enfadada porque no la toman en cuenta y guarda un silencio profesional. Supone que sus emociones y su conducta son las únicas reacciones correctas y razonables en esas circunstancias. Está convencida de que cualquiera en su lugar se sentiría igual.

Ése es el problema. María trata sus emociones como si fueran la única respuesta válida. Puesto que, según ella, estas emociones se justifican y son adecuadas, no hace ningún esfuerzo por cambiarlas o incluso cuestionarlas. De hecho, en su opinión, es Luis quien las ha provocado. Últimamente, su manera de actuar (guardar silencio y hacer comentarios desagradables) es el producto de estas mismas emociones. Puesto que no hace nada para *dominar* sus emociones, éstas la dominan a ella, controlan su conducta y alimentan su relación con Luis, cada vez más deteriorada. Las personas *peor* dotadas para el diálogo son rehenes de sus emociones, y ni siquiera se dan cuenta.

Las personas *bien* dotadas para el diálogo saben perfectamente que si no controlan sus emociones, las cosas empeorarán. Por lo tanto, intentan algo diferente. Fingen. Ahogan las reacciones y hacen todo lo posible por volver al diálogo. Al menos lo intentan.

Lamentablemente, una vez que estas personas emocionalmente alteradas llegan a un punto difícil en una conversación crucial, sus emociones reprimidas afloran. Se manifiestan con mandíbulas tensas o comentarios sarcásticos. El diálogo se resiente. O quizá su miedo paralizante les impide decir lo que realmente piensan. El sentido permanece fuera del fondo porque es cortado de raíz. En cualquier caso, sus emociones escapan del agujero donde las han relegado y encuentran una manera de colarse en la conversación. Nunca es agradable y siempre sabotea el diálogo.

Las personas *mejor* dotadas para el diálogo hacen algo completamente diferente. No son rehenes de sus emociones, ni intentan reprimirlas. Al contrario, actúan para modificarlas. Es decir, cuando tienen emociones intensas, suelen influir en ellas (y a menudo modificarlas) *apartándolas*. El resultado es que son ellos quienes escogen sus emociones y, al hacerlo, se permiten escoger conductas que generen mejores resultados.

Desde luego, es más fácil decir esto que hacerlo. ¿Cómo se *replantea* usted a sí mismo desde un estado emotivo y peligroso hasta alcanzar un estado que le devuelva el control? Créanos se puede hacer. Y debería hacerse.

¿Por dónde debería comenzar María? Para ayudarnos a replantear o dominar nuestras emociones, veamos antes que nada de dónde provienen nuestros sentimientos. Estudiemos un modelo que nos permite analizar y luego controlar nuestras propias emociones.

Pensemos en María. Se siente herida, pero le preocupa que si dice algo a Luis, se mostrará demasiado emotiva, de modo que alterna entre guardarse sus sentimientos (evitar) y hacer comentarios desagradables (enmascarar).

Como demuestra la Figura 6-1, de la página siguiente, los actos de María nacen de sus sentimientos. Primero siente y luego actúa. Esto es bastante normal, pero nos lleva a preguntar: ¿Qué es lo que provoca los sentimientos de María para empezar?

Figura 6-1. Cómo los sentimientos rigen la conducta

¿Acaso es la conducta de Luis? Como sucedía con la suegra y las patatas, ¿es Luis quien *hizo* que María se sintiera insultada y herida? María oyó y vio a Luis hacer algo, generó una emoción, y luego actuó a partir de su sentimiento, utilizando formas de enmascarar y evitar.

Y aquí viene la gran pregunta: ¿Qué sucede entre la manera de actuar de Luis y los sentimientos de María? ¿Hay un paso intermedio que convierte las acciones de otra persona en nuestros sentimientos? Si no es así, entonces debe de ser verdad que los otros nos hacen sentir como nos sentimos.

Las historias crean sentimientos

Resulta que hay un paso intermedio entre lo que otros hacen y cómo nos sentimos. Y siempre existe un paso intermedio, porque las acciones en sí mismas no son las que provocan reacción emocional alguna. Por eso, ante las mismas circunstancias, diez personas pueden tener diez respuestas emocionales diferentes. Por ejemplo, con un colega como Luis, algunos pueden sentirse insultados, mientras que otros mostrar sólo curiosidad. Algunos se enfadan y otros sienten preocupación o incluso simpatía.

¿Cuál es el paso intermedio? Justo *después* de que observemos lo que hacen otros y justo *antes* de que sintamos alguna emoción, nos contamos una historia a nosotros mismos. Atribuimos un significado a la acción que observamos. Hacemos conjeturas acerca del motivo que impulsa la conducta. ¿Por qué ha hecho eso? También añadimos un juicio: ¿aquello es bueno o malo? Y luego, basándose en estos pensamientos o historias, nuestro organismo responde con una emoción.

Gráficamente, tiene el aspecto del modelo de la Figura 6-2. Llamamos a este modelo nuestro Camino a la Acción, porque explica cómo las emociones, los pensamientos y las experiencias conducen a nuestros actos.

Habrá observado que hemos añadido el relato de una historia a nuestro modelo. Observamos, *contamos una historia*, y luego sentimos. A pesar de que este agregado complica un poco el modelo, también nos da una esperanza. Puesto que *nosotros* y sólo *nosotros* contamos la historia, podemos recuperar el control de nuestras propias emociones contando una historia diferente. Ahora tenemos un punto de apoyo. Si encontramos una manera de controlar las historias que contamos volviendo a pensarlas o a contarlas, podemos dominar nuestras emociones y, por lo tanto, nuestras conversaciones cruciales.

Figura 6-2. El Camino a la Acción

NUESTRAS HISTORIAS

En este mundo no existe nada bueno ni malo,
es el pensamiento el que lo hace parecer así.

WILLIAM SHAKESPEARE

Las historias proporcionan el fundamento de lo que sucede. Son nuestras interpretaciones de los hechos. Contribuyen a explicar lo que vemos y oímos. Son teorías que utilizamos para explicar el *porqué*, el *cómo* y el *qué*. Por ejemplo, María pregunta: «¿Por qué asume Luis el control? No confía en mi capacidad para comunicar. Piensa que porque soy una mujer, la gente no me prestará atención».

Nuestras historias también explican el cómo. «¿Cómo se supone que tengo que juzgar todo esto? ¿Se trata de algo bueno o malo? Luis piensa que soy incompetente, y eso es malo.»

Finalmente, una historia también puede incluir es el qué. «¿Qué debería hacer con todo esto? Si digo algo, pensará que me quejo o que soy demasiado sensible o que soy tendenciosa hacia algo, de modo que es mejor callarse.»

Desde luego, cuando formulamos nuestros propios significados o historias, nuestro organismo no tarda en responder con intensos sentimientos o emociones; después de todo, nuestras emociones están vinculadas directamente a nuestros juicios de bien/mal, bueno/malo, generoso/egoísta, justo/injusto, etcétera. La historia de María genera rabia y frustración. Estos sentimientos, a su vez, activan sus reacciones (vacilar entre callarse o hacer comentarios desagradables de vez en cuando) (ver Figura 6-3).

Aunque usted no se dé cuenta, se está contando historias a sí mismo. Cuando enseñamos a las personas que son nuestras historias las que moldean nuestras emociones y no los actos de las otras personas, siempre hay alguien que levanta la mano y dice: «¡Un momento! Yo no me he dado cuenta de haberme contado una historia. Cuando ese tipo se rio de mí durante la presentación, sólo me sentí enfadado. Primero vinieron los sentimientos y luego los pensamientos».

Las historias que nos contamos suceden a un ritmo increíblemente rápido. Cuando pensamos que nos encontramos en peligro, nos contamos una historia tan rápidamente que ni siquiera sabemos que lo hacemos. Si usted no cree que esto sea verdad, pregúntese si siempre se enfada cuando alguien se ríe de usted. Si a veces se enfada y otras no, verá que su respuesta no es fija. Eso significa que algo sucede entre la risa de los otros y su sentimiento. En verdad, se cuenta una historia. Puede que no lo recuerde, pero se la está contando.

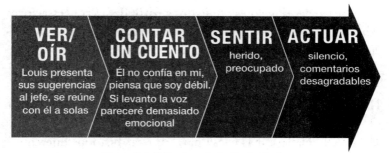

Figura 6-3. El Camino a la Acción de María

Cualquier conjunto de hechos se puede utilizar para contar un número infinito de historias. Las historias son exactamente eso, historias. Estas invenciones podrían contarse de miles de maneras diferentes. Por ejemplo, María podría haber llegado igualmente a la conclusión de que Luis no se daba cuenta de que a ella le importaba tanto el proyecto. Podría haber llegado a la conclusión de que Luis se veía a sí mismo como una persona poco importante y pensaba que aquello era una manera de demostrar que tenía valía. O quizá se había enfadado en el pasado porque no había seguido personalmente todos los detalles de un proyecto. Cualquiera de estas historias podría ajustarse a los hechos y habría creado emociones muy diferentes.

143

Si controlamos nuestras historias, ellas no nos controlarán a noso- tros. Las personas mejor dotadas para el diálogo son capaces de influir en sus emociones durante las conversaciones cruciales. Se dan cuenta de que si bien es verdad que al principio controlamos las historias que contamos (al fin y al cabo, las fabricamos según nuestro propio pare- cer), una vez contadas, *las historias nos controlan a nosotros.* Rigen nuestros sentimientos y nuestra manera de actuar. Finalmente, contro- lan los resultados que obtenemos de nuestras conversaciones cruciales.

Pero no tiene por qué ser así. Podemos contar diferentes histo- rias y romper el círculo. De hecho, *hasta* que no contamos historias diferentes, *no* podemos romper el círculo.

Si usted desea mejores resultados a partir de sus conversaciones cruciales, cambie las historias que se cuenta a sí mismo, incluso cuando se encuentra en medio de un conflicto.

HABILIDADES PARA DOMINAR NUESTRAS HISTORIAS

¿Cuál es la manera más eficaz para fabricar historias diferentes? Las personas mejor dotadas para el diálogo encuentran una manera de tranquilizarse y luego tomar el control de su Camino a la Ac- ción. He aquí cómo.

Vuelva sobre su camino

Para disminuir la velocidad del proceso de contarse una historia y el consiguiente flujo de adrenalina, vuelva sobre su Camino a la Acción, paso a paso. Esto exige un cierto grado de gimnasia mental. Primero, tiene que dejar lo que esté haciendo en ese momento. Después, tiene que conectar con el porqué. He aquí cómo volver sobre su camino:

- [*Actúe*] Observe su conducta. Pregunte:

  ¿Me encuentro sumido en alguna forma de silencio o violencia?

El dominio de mis historias

- [*Sienta*] Conecte con sus sentimientos.

  ¿Cuáles son las emociones que me estimulan a actuar de esta manera?

- [*Cuente una historia*] Analice sus historias.

  ¿Cuál es la historia que crea estas emociones?

- [*Vea/escuche*] Vuelva a los hechos.

  ¿Con qué elementos cuento para sustentar esta historia?

  Al volver sobre sus pasos, un elemento tras otro, se sitúa en una posición para pensar, cuestionar y cambiar cualquiera de los elementos.

Observe su conducta

¿Por qué tiene que detenerse y volver sobre su Camino a la Acción? Está claro que si constantemente deja de hacer lo que hace para buscar sus motivos e ideas subyacentes, ni siquiera será capaz de ponerse los zapatos sin pensar en ello durante quién sabe cuánto tiempo. Morirá de parálisis analítica.

De hecho, no debería detenerse constantemente y cuestionar sus acciones. Si aprende a observar (como sugeríamos en el Capítulo 4) y nota que usted tiende hacia el silencio o la violencia, hay buenas razones para detenerse y evaluar la situación.

Sin embargo, con observar no basta. Debe analizar sinceramente lo que hace. Si se cuenta a sí mismo la historia de que su conducta violenta es una «táctica necesaria», no verá la necesidad de reflexionar sobre sus actos. Si inmediatamente responde con un «ellos empezaron» o se dedica a racionalizar su conducta de alguna otra manera, tampoco se verá obligado a cambiar. En lugar de detenerse y reflexionar sobre lo que hace, dedicará su tiempo a justificar su manera de actuar ante sí mismo y ante los demás.

Cuando una historia inútil le conduce al silencio o a la violencia, deténgase y piense en cómo otras personas verían su comportamiento.

Por ejemplo, si el equipo de su noticiero preferido mostrara esta escena en una cadena de ámbito nacional, ¿qué aspecto tendría usted? ¿Qué *dirían* de su comportamiento?

Las personas mejor dotadas para las conversaciones cruciales no sólo se dan cuenta cuando se decantan hacia el silencio o la violencia, sino que también son capaces de reconocerlo. No es que les guste dudar de sí mismos, desde luego, pero reconocen el problema y comienzan a tomar medidas correctivas. En el momento en que se percatan de que están saboteando el diálogo, vuelven sobre su propio Camino a la Acción.

Tome contacto con sus sentimientos

Cuando las personas más capacitadas vuelven sobre su Camino a la Acción, dejan inmediatamente de analizar su propio comportamiento inadecuado y enfocan en sus sentimientos o emociones. A primera vista, esta tarea suena fácil. «¡Estoy enfadado!», piensa para sí mismo. ¿Hay algo que sea más fácil?

En realidad, identificar las propias emociones es más difícil de lo que podría imaginar. De hecho, muchas personas son emocionalmente analfabetas. Cuando se les pide que describan cómo se sienten, utilizan palabras como «mal», «enfadado» o «asustado», lo cual sería correcto si éstas fueran descripciones precisas, pero no suelen serlo.

Las personas dicen que están enfadadas cuando, de hecho, sienten una mezcla de vergüenza y sorpresa. O dan a entender que no se sienten felices cuando, en verdad, se sienten agredidas o quizá nos hacen pensar que están disgustadas cuando, en realidad, se sienten humilladas y burladas.

Puesto que la vida no consiste en una serie de pruebas de vocabulario, es posible que usted se pregunte cómo las palabras marcan la diferencia. Y es que las palabras sí importan. Saber lo

146

que realmente siente le ayuda a lanzar una mirada más precisa a lo que sucede y por qué. Por ejemplo, es mucho más probable que lance una mirada franca sobre la historia que se cuenta si reconoce que se siente a la vez avergonzado y sorprendido en lugar de sencillamente enfadado.

¿Y usted? ¿Acaso se detiene a pensar en sus sentimientos cuando experimenta emociones fuertes? Si la respuesta es sí, ¿utiliza un vocabulario rico o se limita normalmente a utilizar expresiones genéricas como «enojado» y «furioso»? Y luego, ¿habla abiertamente con otras personas de cómo se siente? ¿Tiene la costumbre de hablar con sus seres queridos acerca de lo que le sucede interiormente? En tercer lugar, en ese caso, ¿su vocabulario es sólido y preciso?

Es importante conectar con sus sentimientos, y para llevar esto a cabo es posible que tenga que ampliar su vocabulario emocional.

Analice sus historias

Cuestione sus sentimientos e historias. Una vez que haya identificado lo que siente, tiene que detenerse y preguntarse: dadas las circunstancias, ¿se trata del sentimiento *adecuado*? Por supuesto, esto significa: ¿me estoy contando la historia adecuada? Al fin y al cabo, los sentimientos vienen de las historias y las historias son producto de nuestra propia invención.

El primer paso para recuperar el control emocional consiste en impugnar la ilusión de que lo que siente es la única emoción *correcta* en esas circunstancias. Puede que éste sea el paso más difícil, pero también es el más importante. Al cuestionar nuestros sentimientos, nos abrimos a la posibilidad de impugnar nuestras propias historias.

Cuestionamos la cómoda conclusión de que nuestra historia es correcta y verdadera. No tenemos problemas para cuestionar si nuestras emociones (muy reales) y la historia que hay tras ellas (sólo una de muchas posibles explicaciones) son precisas.

Por ejemplo, ¿cuáles eran los hechos en la historia de María? Ella *vio* a Luis hacer toda la presentación. *Oyó* al jefe hablar de una reunión con Luis para tratar del proyecto cuando ella no estuviera presente. Ése fue el comienzo del Camino a la Acción de María.

No confunda las historias con los hechos. A veces no cuestionamos las historias porque las vemos como hechos inmutables. Cuando creamos historias en un abrir y cerrar de ojos, podemos quedar tan atrapados en el instante que comenzamos a creer que las historias son hechos. Las *sentimos* como hechos. Confundimos las conclusiones objetivas con los datos puros y duros. Por ejemplo, al intentar discernir entre hechos e historia, María podría decir: «Es un cerdo machista, ¡eso es un hecho! ¡Pregúntenle a cualquiera que haya visto cómo me trata!»

«Es un cerdo machista» no es un hecho. Es la historia que María ha creado para dar sentido a los hechos. Los hechos podrían significar casi cualquier cosa. Como hemos dicho antes, otros porían observar las interacciones de María con Luis y elaborar historias diferentes.

Volver a los hechos

Distinga entre los hechos y la historia centrándose en el comportamiento. Para separar los hechos de la historia, vuelva a la auténtica fuente de sentimientos. Ponga a prueba sus ideas con un criterio sencillo: ¿puede *ver* u *oír* esto que llama un hecho? ¿Se trataba de una verdadera conducta?

Por ejemplo, es un hecho que Luis «se encargó del noventa y cinco por ciento de la presentación y contestó a todas las preguntas menos una». Esto es específico, objetivo y verificable. Dos personas cualesquiera que presenciaran la reunión harían la misma observación. Sin embargo, la afirmación «Él no confía en mí» es una conclusión. Explica lo que usted *piensa*, no lo que *pensaba* la otra persona. Las conclusiones son subjetivas.

Identifique la historia estando alerta a las palabras «calientes». He aquí otro consejo. Para no confundir la historia con los hechos, puede decir: «Me lanzó una mirada agresiva» o «hizo un comentario sarcástico». Palabras como «agresivo» o «sarcástico» son términos calientes. Expresan juicios y atribuciones que, a su vez, crean emociones intensas. Son una historia, no hechos. Observe qué diferente es cuando dice: «Cerró firmemente los ojos y apretó los labios», en comparación con «Me miró de forma agresiva». En el caso de María, ella sostenía que Luis era controlador y que no la respetaba. Si se hubiera centrado en su conducta (hablaba mucho y se reunía con el jefe a solas), esta descripción menos vaga podría haber permitido distintas interpretaciones. Por ejemplo, quizá Luis estaba nervioso, preocupado o se sentía inseguro.

Atento a tres historias «astutas»

A medida que comenzamos a entender por qué las personas hacen lo que hacen (o, igualmente importante, por qué hacemos lo que hacemos), con el tiempo y la experiencia perfeccionamos nuestra capacidad de elaborar explicaciones que nos son muy útiles. O nuestras historias son totalmente acertadas y nos impulsan en direcciones positivas, o son bastante poco acertadas pero justifican nuestra conducta actual, lo cual nos hace sentir bien con nosotros mismos y no suscita ninguna necesidad de cambiar.

El segundo tipo de historia es el que normalmente nos trae problemas. Por ejemplo, adoptamos la actitud del silencio o la violencia, y luego damos una razón perfectamente plausible para explicar por qué hemos actuado bien. «Desde luego que le grité. ¿Viste lo que hizo él? Se lo merecía.» «Oye, no me mires de esa manera. No tenía otra alternativa.» A estas invenciones imaginativas y de autojustificación las denominamos «historias astutas». Son ingeniosas porque nos permiten sentirnos bien cuando adoptamos conductas censurables. Y, más aún, nos permiten sentirnos bien cuando adoptamos conductas censurables aunque obtengamos pésimos resultados.

Cuando sentimos la necesidad de justificar nuestra conducta inoperante o desconectarnos de nuestros malos resultados, solemos recurrir a tres maneras muy predecibles de contar historias. Aprenda cuáles son las tres y la manera de contrarrestarlas y podrá asumir el control de su vida emocional. No lo haga, y será víctima de las emociones que es propenso a dejar que le arrollen en los momentos cruciales.

Historias de Víctimas: «No es culpa mía»

La primera de las historias astutas es una historia de víctimas. Las Historias de Víctimas, como puede imaginar, nos convierten en sufridos inocentes. El problema es siempre el mismo. La otra persona es mala, tonta o está equivocada, nosotros somos buenos, geniales y tenemos razón. Los demás hacen cosas malas o estúpidas y nosotros sufrimos las consecuencias.

La verdad es que las llamadas víctimas inocentes existen. De pronto alguien nos detiene en medio de la calle y nos roba a punta de pistola. Cuando algo así ocurre, es un hecho triste, no una historia. *Somos* realmente víctimas.

Pero no todas las historias de victimización están tan definidas y son tan parciales. En el transcurso de la mayoría de las conversaciones cruciales, cuando contamos una Historia de Víctimas, ignoramos intencionadamente el papel que nosotros mismos desempeñamos en el problema. Contamos nuestras historias de un modo en que se omite convenientemente cualquier cosa que *hayamos* hecho (o dejado de hacer) y que podría haber contribuido al problema.

Por ejemplo, la semana pasada su jefe no le permitió participar en un importante proyecto y eso hirió sus sentimientos. Usted se quejó acerca de lo mal que se sentía. Desde luego, no les comentó que estaba retrasado en la entrega de otro proyecto, razón principal por la cual él jefe lo apartó de este que era más importante. Esta es la parte de la historia que deja fuera porque, claro, el jefe le hizo sentir mal.

Para apoyar sus Historias de Víctimas no habla de nada más que de sus nobles motivos. «Tardé más porque intentaba respetar los procedimientos habituales.» Luego se dice a sí mismo que está siendo castigado por sus virtudes, no por sus vicios. «Lo que pasa es que no valora a una persona como yo, que presta gran atención a los detalles.» (Este giro adicional lo convierte de víctima en mártir. ¡Vaya suerte!)

Historias de Villanos: «Todo ha sido culpa tuya»

Creamos estas desagradables historias al convertir a seres humanos normales y decentes en villanos. Les imputamos malas intenciones y luego le contamos a todo el mundo los defectos de los otros como si, de alguna manera, le estuviésemos haciendo un enorme favor a la gente.

Por ejemplo, describimos a un jefe que se preocupa del factor calidad como un obseso del control. Cuando nuestro cónyuge está molesto porque nosotros no hemos cumplido un compromiso, lo vemos como un inflexible y un testarudo.

En las Historias de Víctimas, exageramos la propia inocencia. En las Historias de Villanos, ponemos el acento en la culpa o estupidez de la otra persona. Atribuimos automáticamente a otros los peores motivos posibles o la incompetencia total mientras ignoramos cualquier intención positiva o neutra o habilidad que una persona pueda tener. Poner etiquetas es un mecanismo habitual en las Historias de Villanos. Por ejemplo: «No puedo creer que ese *idiota* haya vuelto a darme materiales inservibles». Al echar mano de la cómoda etiqueta, ahora ya no tratamos con un complejo ser humano, sino con un idiota.

Las Historias de Villanos no sólo nos permiten culpar a otros de los malos resultados, sino que también nos autorizan a hacer lo que queramos a los «villanos». Claro, podemos sentirnos perfectamente después de insultar o abusar de un *idiota*, mientras que tendríamos que tener más cuidado con una persona de carne y hueso. Y cuando no conseguimos los resultados que realmente deseamos, quedamos presos de nuestra inútil conducta porque, al fin y al cabo, ¡mirad con quién tenemos que tratar!

Atentos al doble criterio. Cuando prestamos atención a las Historias de Víctimas y de Villanos y las percibimos como lo que son, es decir, como caracterizaciones injustas, comenzamos a ver el nefasto doble criterio que utilizamos cuando nuestras emociones están fuera de control. Cuando somos nosotros quienes cometemos los errores, contamos una Historia de Víctimas y alegamos intenciones inocentes y puras: «Desde luego que he tardado en llegar a casa y no te he llamado, ¡pero no podía defraudar al equipo!» Por otro lado, cuando otros hacen cosas que nos duelen o molestan, contamos Historias de Villanos e *inventamos* horribles motivos o defectos desproporcionados que atribuimos a los demás basándonos en cómo sus actos nos han afectado: «¡Eres tan desconsiderado! Podrías haberme llamado y decirme que ibas a llegar tarde».

Historias de Desvalido: «No hay nada más que pueda hacer»

Finalmente, existen las que denominamos Historias de Desvalidos. En estas invenciones, nos describimos a nosotros mismos como incapaces para hacer cualquier cosa saludable o útil. Nos convencemos de que no hay alternativas sanas para lidiar con nuestro problema, lo cual justifica la acción por la que estamos a punto de inclinarnos. Una Historia de Desvalido podría plantear que: «Si no le gritara a mi hijo, no me escucharía». O, el otro lado de la moneda: «Si le dijera esto al jefe, adoptaría una actitud a la defensiva, así que como es natural ¡no digo nada!» Mientras que las Historias de Villanos y de Víctimas lanzan una mirada retrospectiva para explicar por qué estamos en una determinada situación, las Historias de Desvalido describen de forma prospectiva para explicar por qué no podemos hacer nada que modifique nuestra situación.

Es especialmente fácil encarnar al imposibilitado cuando convertimos la conducta de los demás en rasgos fijos e inalterables. Por ejemplo, cuando decidimos que nuestro colega es un «obseso del control» (Historia de Villanos), nos sentimos más reacios a hacerle comentarios porque, al fin y al cabo, los obsesos del control como él no aceptan comentarios (Historia de Desvalido). No hay nada que podamos hacer para alterar ese hecho.

Como puede ver, las Historias de Desvalido suelen nacer de Historias de Villanos, y normalmente no nos ofrecen más que Alternativas del Tonto: o podemos ser sinceros y estropear la relación o guardar silencio y sufrir.

Por qué contamos historias astutas

Desde luego, detrás de nuestras historias hay una historia; aquellas no salen aleatoriamente de nuestra boca. Y están al servicio de cuatro amos importantes.

Las historias astutas concuerdan con la realidad. A veces las historias que contamos son ciertas. La otra persona intenta causarnos daño, somos víctimas inocentes. O quizá realmente no podemos hacer gran cosa para remediar el problema. Puede suceder. No es habitual, pero es posible.

Las historias astutas nos sacan del apuro. Muy a menudo, nuestras conclusiones se transforman de explicaciones razonables en historias astutas cuando nos eximen convenientemente de cualquier responsabilidad, cuando la verdad es que tenemos una responsabilidad parcial. La otra persona ni es mala ni está equivocada, y nosotros no somos buenos ni tenemos razón. La verdad se sitúa en algún lugar intermedio. Sin embargo, si definimos a otros como equivocados y a nosotros mismos como acertados, nos hemos salvado. Peor aún, una vez que hemos demonizado a los otros, podemos incluso insultarlos y abusar de ellos si queremos.

Las historias astutas nos impiden reconocer cuando hemos claudicado. A estas alturas, debería quedar claro que las historias astutas nos causan problemas. Una pregunta razonable en este momento es: «Si son tan horriblemente perjudiciales, ¿por qué contamos historias astutas?»

Nuestra necesidad de contar historias astutas suele comenzar con nuestras propias claudicaciones. Nos guste o no, normalmente no comenzamos a contar historias que justifican nuestros actos hasta que hemos hecho algo que tenemos la necesidad de justificar.[1]

Claudicamos cuando actuamos conscientemente contra nuestro propio sentido de lo que es correcto. Y después de haber claudicado, sólo tenemos dos alternativas: reconocer nuestra claudicación o intentar justificarla. Y si no reconocemos nuestros errores, inevitablemente buscamos maneras de justificarlos. En ese momento, comenzamos a contar historias astutas.

Vamos a ver un ejemplo de claudicación: imagine que avanza lentamente en medio de un denso tráfico. Empieza a pasar a otros coches que intentan introducirse en su carril. Un coche muy cerca de usted acelera y entra parcialmente en su carril. Usted piensa que *debería* dejarlo pasar. Es lo más correcto que se puede hacer y quisiera que a usted también lo dejaran pasar. Pero no lo hace, acelera y cierra el hueco. ¿Qué sucede en ese momento? Comienza a pensar cosas como éstas: «No puede venir y echárseme encima. ¡Qué imbécil! Hace rato que estoy metido en esta cola. Además, tengo una cita importante». Y así sucesivamente.

Esta historia lo convierte a usted en la víctima inocente y a la otra persona en el villano sin escrúpulos. Bajo la influencia de esta historia, sabe que se siente justificado para no hacer aquello que originalmente pensó que debería hacer. También ignora lo que pensaría de otros que hicieran lo mismo que usted: «¡Ese imbécil no me ha dejado pasar!»

Pensemos en un ejemplo más relacionado con las conversaciones cruciales. Su cónyuge tiene una costumbre desagradable. No es demasiado importante pero usted cree que debería mencionarlo, aunque no lo hace. En lugar de eso se limita a resoplar o a poner los ojos en blanco, esperando que de este modo se capte su mensaje. Por desgracia, su cónyuge no entiende la indirecta y persiste en su costumbre. Su enfado se convierte en rencor. Detesta pensar que es tan miope que no puede ver una clara indirecta. Y, además, no tendría ni que decirlo, ¡cualquier persona razonable se daría cuenta por sí sola! ¿Acaso tiene que explicárselo *todo*? A partir de ese momento, comienza a hacer bromas insultantes acerca del tema hasta que éste se convierte en un desagradable enfrentamiento.

Fijémonos en el orden de los acontecimientos en estos dos ejemplos. ¿Qué fue lo primero, contar la historia o claudicar? ¿Se convenció a sí mismo del egoísmo del otro conductor y *luego* no lo dejó pasar? Por supuesto que no. No tenía razón alguna para pensar que era un egoísta hasta que necesitó una excusa para justificar su propia conducta egoísta. Sólo comenzó a contar historias astutas *después* de renunciar a hacer algo que debería haber hecho. La costumbre desagradable de su cónyuge no se convirtió en una fuente de rencor hasta que usted se convirtió en parte del problema. Se enfadó porque claudicó. Y la historia astutas le ayudó a sentirse bien con su propia rudeza.

Las claudicaciones no suelen ser grandes acontecimientos. De hecho, pueden ser tan pequeñas que es muy fácil no verlas cuando fabricamos nuestras historias ingeniosas. He aquí algunas de las más comunes:

- Cree que debería ayudar a alguien, pero no lo hace.
- Cree que debería disculparse, pero no lo hace.
- Cree que debería quedarse hasta tarde para cumplir con un compromiso, pero se marcha a casa.
- Dice que sí cuando sabe que debería decir no, y luego espera que nadie verifique si ha cumplido con su compromiso.
- Piensa que debería hablar con alguien de cuestiones que tienen pendientes, pero no lo hace.
- Trabaja menos de lo que le corresponde y piensa que debería reconocerlo, pero no dice nada sabiendo que nadie sacará a relucir el tema.

- Cree que debería escuchar con respeto los comentarios pero, en vez de eso, adopta una actitud a la defensiva.

- Detecta problemas en un proyecto presentado por alguien y piensa que debería mencionarlo, pero no lo hace.

- No lleva a cabo una tarea en el plazo establecido y cree que debería comunicárselo a otros, pero no lo hace.

- Sabe que tiene información que podría serle útil a un colega, pero se la guarda para sí mismo.

Incluso las pequeñas claudicaciones como éstas nos inician en el relato de historias astutas. Cuando no reconocemos nuestros propios errores, nos obsesionan los errores de los otros, nuestra inocencia y nuestra impotencia para hacer algo diferente de lo que ya estamos haciendo. Contamos historias astutas cuando perseguimos la autojustificación más que los resultados. Está claro que la autojustificación no es lo que realmente queremos, pero sin duda actuamos como si lo fuera.

Con aquella triste verdad en mente, centrémonos en lo que realmente deseamos. Analicemos la habilidad final del Dominio de las Propias Historias.

Cuente el resto de la historia

Después de aprender a reconocer las historias ingeniosas que nos contamos a nosotros mismos, podemos avanzar hacia la habilidad final del Dominio de las Propias Historias. Las personas dotadas para el diálogo se dan cuenta de que están contando historias ingeniosas, se detienen, y hacen lo necesario para contar una historia útil. Una historia útil, por definición, crea emociones que impulsan a una acción positiva (como el diálogo).

¿Qué es lo que transforma una historia astutas en una historia útil? El resto de la historia. Y esto es así, porque las historias astutas tienen una característica en común: ser historias incompletas. Las historias astutas omiten información crítica sobre nosotros, sobre los demás y sobre nuestras opciones. Por lo tanto, sólo si incluimos todos estos detalles esenciales, pueden transformarse en historias útiles.

¿Cuál es la mejor manera de incorporar los detalles ausentes? Es bastante sencillo: convirtiendo a las víctimas en protagonistas, a los villanos en seres humanos y a los desvalidos en personas capaces. He aquí cómo hacerlo:

Convertir a las víctimas en protagonistas. Si se da cuenta de que está hablando de sí mismo como una víctima inocente (y no le han atracado a punta de pistola), pregúntese:

- ¿Acaso pretendo no reconocer mi papel en el problema?

Esta pregunta lo lleva a reconocer el hecho de que, quizás, usted ha hecho algo para contribuir a causar el problema. En lugar de ser una víctima, ha actuado como protagonista aunque esto no significa necesariamente que tuviera motivos perniciosos. Quizá su contribución fue simplemente una omisión no deliberada, pero aun así ha participado.

Por ejemplo, un compañero de trabajo deja siempre las tareas más difíciles o delicadas para que usted las acabe. Usted se ha quejado con frecuencia a amigos y seres queridos por su condición de explotado. La parte que no cuenta de la historia es que usted sonríe complacido cuando su jefe lo felicita por su buena voluntad para asumir tareas difíciles, y nunca se lo ha comentado a su colega. Se lo ha insinuado, pero nada más.

El primer paso para contar el resto de la historia sería añadir estos importantes hechos a su relato. Al preguntarse qué papel ha desempeñado, comenzará a darse cuenta de lo selectiva que ha sido su percepción. Se ha percatado de que ha minimizado sus propios errores mientras exagera el papel de los demás.

Convertir a los villanos en seres humanos. Cuando en alguna ocasión ha puesto una etiqueta a alguien o ha hablado mal de otras personas, deténgase y pregúntese:

- ¿Por qué una persona razonable, racional y decente haría lo que está haciendo esta persona?

Esta pregunta concretamente humaniza a los otros. Cuando buscamos posibles respuestas, nuestras emociones se suavizan. La empatía suele reemplazar a los juicios y, dependiendo de cómo *nosotros* hemos tratado a los *demás*, la responsabilidad personal reemplaza a la autojustificación.

Por ejemplo, aquella colega que elude muy oportunamente los trabajos difíciles le contó hace poco que había observado que usted tenía entre manos un importante proyecto y ayer (mientras usted estaba ocupado en una tarea urgente) ella vino y acabó el trabajo por usted. Usted tuvo sospechas enseguida. Ella intentaba hacerle quedar mal al completar el trabajo de un proyecto tan destacado. ¡Cómo se atreve a fingir que me ayuda cuando su verdadero objetivo era desacreditarme mientras se posicionaba a sí misma! Bueno, ésa es la historia que usted se ha contado a sí mismo.

Pero ¿qué pasaría si ella fuera realmente una persona razonable, racional y decente? ¿Qué pasaría si no tuviese otro motivo que simplemente echarle una mano? ¿No es un poco apresurado hablar mal de ella? Y si habla mal de ella, ¿no correrá el riesgo de estropear una relación? ¿Podría suceder que usted piense mal, la acuse, y luego se entere de que estaba equivocado?

Nuestro objetivo al preguntar por qué una persona razonable, racional y decente actuaría de determinada manera *no* es disculpar a otros por cosas desagradables que puedan hacer. Si en realidad son culpables, ya tendremos tiempo para tratar eso más adelante. El objetivo de la pregunta humanizadora es abordar nuestras propias historias y emociones. Nos proporciona otra herramienta para trabajar con nosotros mismos, en primer lugar, dándonos una variedad de posibles razones para explicar la conducta de la otra persona.

De hecho, con la experiencia y la madurez, aprendemos a preocuparnos menos de las intenciones de los demás y más de los *efectos* que sus actos tienen en nosotros. Ya no participamos del juego de sacar a relucir motivos malintencionados.

Además, hay un aspecto positivo: cuando reflexionamos sobre motivos alternativos, no sólo suavizamos nuestras emociones, sino que relajamos nuestra certeza absoluta el tiempo suficiente para dar lugar al diálogo, la única manera fiable de descubrir los verdaderos motivos de los demás.

Convertir al desvalido en una persona capaz. Finalmente, cuando se sorprenda a sí mismo quejándose de su propia impotencia, puede contar la historia entera volviendo a su motivo original. Para esto, deténgase y pregúntese:

- ¿Qué deseo en realidad? ¿Para mí? ¿Para otros? ¿Para la relación?

Luego, elimine la Alternativa del Tonto que lo ha hecho sentirse impotente para escoger cualquier opción que no sea el silencio o la violencia. Para esto, pregúntese:

- ¿Qué haría en este mismo momento si realmente deseara esos resultados?

Por ejemplo, se ve a sí mismo insultando a su colega por no colaborar en una tarea difícil. Su colega parece sorprendida ante su reacción violenta e inesperada. De hecho, se lo ha quedado mirando como si hubiera perdido el juicio. Usted, desde luego, se ha dicho a sí mismo que ella evita deliberadamente tareas ingratas, y que a pesar de sus indirectas, no se observa ningún cambio.

«Tengo que ser más directo —se dice —. No me gusta, pero si no la ofendo, estaré atrapado.»

Se ha apartado de lo que realmente desea, es decir, compartir el trabajo a partes iguales *y* tener una buena relación. Ha renunciado a la mitad de los objetivos optando por la Alternativa del Tonto.

«Bueno, mejor ofenderla a quedar como un tonto, ¿no?»

¿Qué debería hacer? Abordar el problema abierta, sincera y efectivamente, sin lanzar dardos críticos para luego justificarse. Cuando renuncia a encarnar el papel del desvalido, está obligado a asumir su responsabilidad por utilizar habilidades para el diálogo en lugar de lamentarse de sus debilidades.

LA NUEVA HISTORIA DE MARÍA

Para ver cómo todo esto encaja, volvamos a María. Supongamos que ha vuelto sobre su Camino a la Acción y ha separado los hechos de las historias. Esto le ha ayudado a darse cuenta de que la historia que contaba era incompleta, en su defensa y perjudicial. Cuando observó la presencia de las Tres Historias Astutas, las vio con dolorosa lucidez. Ahora está preparada para contar el resto de la historia.

Y se pregunta:

- ¿Acaso finjo no darme cuenta de mi papel en el problema?

  «Cuando descubrí que Luis tenía reuniones sin que yo estuviera presente, sentí que debería preguntarle por qué no me incluía. Creía que si hacía eso, podría abrir un diálogo que nos ayudaría a trabajar mejor juntos. Pero no lo hice, y a medida que aumentaba mi enfado, estaba cada vez menos interesada en abordar el tema.»

- ¿Por qué una persona razonable, racional y decente haría lo que hace Luis?

  «A él realmente le importa producir un trabajo de buena calidad. Quizá no se dé cuenta de que yo me siento tan comprometida con el éxito del proyecto como él.»

- ¿Qué deseo realmente?

«Deseo una relación de respeto con Luis. Y deseo reconocimiento por mi trabajo.»

- ¿Qué haría en este mismo momento si realmente deseara esos resultados?

«Programaría una cita para sentarme a hablar con Luis sobre cómo trabajamos juntos.»

A medida que contamos el resto de la historia, nos liberamos de los efectos nocivos de las emociones malsanas. Lo más positivo es que cuando recuperamos el control y reanudamos el diálogo nos convertimos en dueños de nuestras propias emociones en lugar de ser sus rehenes.

¿Y qué pasó con María? ¿Qué hizo en la práctica? Programó una reunión con Luis. Mientras se preparaba para la reunión, renunció a contar sus historias desagradables e incompletas, reconoció su propio papel en el problema y abordó la conversación con una actitud abierta. Quizá Luis no intentaba hacerla quedar mal ni dar a entender que suplía la incompetencia de ella con su trabajo.

Cuando María se sentó a conversar con Luis, descubrió una manera de empezar a compartir lo que había observado. (Veremos concretamente cómo hacer esto en el próximo capítulo.) Afortunadamente, no sólo María dominaba su historia, sino que también sabía cómo hablar de ella. Al entablar un diálogo sano, Luis se disculpó por no incluirla en su reunión con el jefe. Explicó que intentaba prevenir al jefe sobre algunas partes polémicas de la presentación, y retrospectivamente se dio cuenta de que no debería haber hecho eso sin ella. También se disculpó por haber acaparado la presentación. Gracias a la conversación, María se enteró de que Luis tiende a hablar más cuando se pone nervioso. Sugirió que cada uno se encargue de la primera o de la segunda parte de la presentación y que se ciñera a esa pauta, y así sería menos probable que él se adueñara de la palabra. La conversación acabó con los dos entendiendo la perspectiva del otro y Luis prometió ser más sensible en el futuro.

Mi conversación crucial: Cathy W.

Mi primer marido era un maltratador, de resultas de lo cual mis tres hijos crecieron en un hogar sumamente violento. Nunca presenciaron los maltratos físicos que se me infligían, aunque sí sus consecuencias, y a su vez fueron víctimas de maltrato mental y emocional.

Después de dieciséis años y ocho intentos de marcharme, por fin me liberé. Mis heridas físicas ya están curadas, aunque no los duraderos efectos psicológicos del maltrato inferido tanto a mí como a mis hijos.

Cuando las emociones se desatan, suelo refugiarme en el silencio o el sarcasmo. Y después de oír tantas conversaciones dañiñas, mis hijos (ya adultos) sencillamente reflejan la conducta que vieron de niños, incurren en los viejos patrones de la falta de respeto y esperan que reaccione de la misma manera que reaccionaba en el pasado.

He utilizado las habilidades de Conversaciones Cruciales y en muchas situaciones y sé por propia experiencia que no sólo puedo controlar las historias que me mantuvieron atrapada en las conductas de antaño, sino que también puedo reducir el estrés y lograr una renovada confianza en mis conversaciones y decisiones cotidianas.

Recientemente utilicé estas habilidades para aumentar la seguridad en las conversaciones con mi hija, que, por culpa del consumo de drogas, perdió la custodia de sus hijos. En las conversaciones de antaño me quedaba muda cuando ella hacía gala del mal carácter de su padre, aunque mi intención era ayudarla a recuperar la capacidad para cuidar de sí misma y en última instancia el derecho a visitar a sus hijos.

Mi meta es ser amiga de mi hija y hablar sincera y directamente sin hacer que se sienta amenazada. Intento crear un entorno seguro para que me cuente su historia observando su lenguaje corporal. En cuanto da muestras de contrariedad, me paro y le recuerdo que estoy de su lado.

A tal fin, utilizo afirmaciones el Contraste tales como: «Sé que esto es difícil y no quiero molestarte; sólo deseo asegurarme de que tenemos en cuenta todo aquello a lo que nos enfrentamos». A continuación, le pido permiso para analizar esas áreas, y si está dispuesta, continuamos. Si no es así, me disculpo por molestarla y le pido que me avise cuando esté preparada para hablar de ello.

También he descubierto que las afirmaciones prudentes son efectivas. En lugar de decir: «¿Estás enfadada conmigo? ¿Qué es lo que he hecho?», ahora digo: «Empiezo a tener la impresión de que estás enfadada conmigo. ¿He hecho algo para enfurecerte?» Su respuesta a esta pregunta abre la puerta al verdadero problema en cuestión.

En el pasado, los primeros cinco minutos de una visita a mi hija eran una agonía, y me sorprendía luchando con mi antigua inclinación a guardar silencio o ser sarcástica. Tenía miedo de abrir la boca, porque dijera lo que dijese siempre parecía irritarla.

Ahora he conseguido controlar mis emociones y también he conseguido reconsiderar la historia que me contaba a mi misma y que me convencía de que jamás sería capaz de mantener esta conversación crucial con mi hija. Así que expongo mis puntos de vista objetivamente y con confianza, porque sé que mis intenciones son buenas y que ella quiere mejorar. En consecuencia, ahora tenemos conversaciones más largas, y mi hija logra terminar la conversación sin tener un arrebato de ira. ¡Éste es un progreso asombroso que me hace concebir esperanzas para el futuro!

CATHY W.

163

RESUMEN — EL DOMINIO DE MIS HISTORIAS

Si las emociones fuertes lo mantienen atascado en el silencio o en la violencia, intente lo siguiente:

Vuelva sobre su camino

Observe su conducta. Si se percata de que se aleja del diálogo, pregúntese qué está haciendo realmente.

- ¿Me encuentro encerrado en algún tipo de silencio o violencia?

  Conecte con sus sentimientos. Aprenda a identificar con precisión las emociones en su historia.

- ¿Cuáles son las emociones que me estimulan a actuar de esta manera?

- *Analice sus historias.* Cuestione sus conclusiones y busque otras posibles explicaciones en su historia.

- ¿Cuál es la historia que crea estas emociones?

- *Vuelva a los hechos.* Abandone su certeza absoluta distinguiendo entre los hechos concretos y su historia inventada.

- ¿Qué pruebas tengo para sustentar esta historia?

  Atención a las historias ingeniosas. Historias de víctimas, villanos e impotentes se encuentran al comienzo de la lista.

Cuente el resto de la historia

Pregúntese:

- ¿Acaso pretendo no darme cuenta de mi papel en el problema?

- ¿Por qué haría esto una persona razonable, racional y decente?

- ¿Qué deseo realmente?

- ¿Qué haría en este mismo momento si realmente deseara esos resultados?

7

Definir mi camino

Cómo hablar de forma persuasiva,
no avasalladora

Hasta ahora, hemos hecho un gran esfuerzo de preparación para dar la cara y dominar las conversaciones cruciales. He aquí lo que hemos aprendido. Nuestros corazones tienen que estar en el lugar adecuado. Debemos prestar mucha atención a las conversaciones cruciales, especialmente cuando las personas comienzan a sentirse inseguras, y restablecer la seguridad cuando sea necesario. Y, por descontado, está prohibido contarnos a nosotros mismos historias astutas e inútiles.

De modo que digamos que estamos adecuadamente preparados. Estamos listos para abrir la boca y comenzar a compartir nuestro punto de vista. Es verdad, realmente nos disponemos a expresar nuestra opinión. Y ahora, ¿qué?

La mayoría de las veces abordamos una conversación y ponemos el piloto automático: «Hola, ¿cómo están los niños? ¿Cómo te va en el trabajo?» ¿Hay algo más fácil que hablar? Sabemos miles de palabras y solemos entretejerlas en conversaciones que se adecuan a nuestras conveniencias. Es lo que sucede la mayoría de las veces.

Sin embargo, cuando hay importantes factores en juego e intervienen nuestras emociones, abrimos la boca y el resultado no es tan genial. En realidad, como hemos señalado antes, cuanto más importante sea la conversación, menos probable será que manifestemos lo mejor de nuestra conducta. Más concretamente, expresamos y defendemos nuestras opiniones con recursos bastante pobres.

Para mejorar nuestras habilidades cuando se trata de expresar nuestra opinión, analizaremos dos situaciones difíciles. Primero, estudiaremos cinco habilidades para hablar cuando las cosas que tenemos que decir podrían fácilmente despertar en otros una actitud a la defensiva. Después, veremos que estas mismas habilidades nos ayudan a expresar nuestras opiniones cuando creemos en algo con tanta convicción que corremos el riesgo de hacer que nuestros interlocutores se cierren en banda en lugar de abrirse a nuestras ideas.

COMPARTIR OPINIONES DELICADAS

Aportar información al fondo de significados puede ser un asunto bastante arduo cuando las ideas que estamos a punto de dejar caer en la conciencia colectiva contienen opiniones delicadas, poco atractivas o polémicas.

> Lo siento, Marta, pero al personal sencillamente no le agrada trabajar contigo. Han pedido que abandones el equipo de proyectos especiales.

Una cosa es alegar que la empresa tiene que cambiar el color de los embalajes del verde al rojo, pero decirle a una persona que es ofensiva o desagradable es algo muy distinto. Cuando el tema cambia de las cosas a las personas, siempre es más difícil y hay quienes están mejor dotados para ello que otros (lo cual no es una sorpresa para nadie).

Cuando se trata de compartir información delicada, las personas *peor* dotadas para el diálogo oscilan entre dejar caer con rudeza sus ideas en el fondo de significados o no decir nada. A veces comienzan con: «No te va a gustar esto, pero, oye, alguien tiene que decir las cosas como son...» (la clásica Alternativa del Tonto), o a veces simplemente guardan silencio.

Temiendo que puedan destrozar fácilmente una relación sana, las personas *bien* dotadas para el diálogo dicen sólo una parte de lo que les preocupa y le restan importancia a sus opiniones porque temen herir a otros. Hablan muy bien, pero endulzan convenientemente su mensaje, o como se dice comúnmente, doran la píldora.

Las personas *mejor* dotadas para el diálogo dicen todo lo que piensan y lo hacen de una manera que los otros perciben como segura cuando escuchan lo que tienen que decir y también cuando quieren responderles. Son a la vez totalmente sinceros y totalmente respetuosos.

SALVAGUARDAR LA SEGURIDAD

Para hablar sinceramente cuando la sinceridad podría ofender fácilmente a otros, tenemos que encontrar un modo de salvaguardar la seguridad. Esto se parece a decirle a alguien que le aseste a otro un puñetazo en la nariz pero, ya sabes, sin hacerle daño. ¿Cómo podemos pronunciar lo impronunciable y seguir guardando el respeto? En realidad, se puede conseguir si sabemos mezclar atentamente tres ingredientes: la confianza, la humildad y la habilidad.

La confianza. La mayoría de las personas sencillamente no tienen conversaciones delicadas, al menos no con la persona indicada.

Por ejemplo, nuestro colega Bruno llega a casa por la noche y le dice a su mujer que su jefe, Fernando, lo controla de manera enfermiza. Cuenta lo mismo a la hora de la comida cuando habla con sus compañeros de trabajo. Todos saben qué piensa Bruno de Fernando, excepto, desde luego, el propio Fernando.

Las personas que manejan el diálogo con habilidad sienten la confianza necesaria para decir lo que hay que decir a la persona que lo escucha. Confían en que sus opiniones merecen un lugar en el fondo de significados. También confían en que pueden hablar abiertamente sin parecer rudos ni ofender a sus interlocutores.

La humildad. La confianza no es lo mismo que la arrogancia o la testarudez. Las personas hábiles confían en que tienen algo que decir, pero también observan que otros tienen opiniones válidas. Son lo bastante humildes para saber que no tienen el monopolio de la verdad ni que tienen que salirse siempre con la suya. Sus opiniones establecen un punto de partida pero no dictan la palabra final. Puede que actualmente opinen de cierta manera, pero saben que la nueva información puede cambiar su parecer. Esto significa que están dispuestos a expresar sus opiniones y a estimular a otros a que hagan lo mismo.

La habilidad. Finalmente, las personas que comparten sin reservas información delicada suelen obtener buenos resultados. Por eso confían desde el comienzo. No se inclinan por la Alternativa del Tonto porque han encontrado un camino donde caben a la vez la sinceridad y la seguridad. Pronuncian lo impronunciable, y los demás les agradecen su sinceridad.

Buenas noches y adiós

Para ver cómo abordar un tema delicado, observemos lo que sucede en un conflicto sumamente intrincado. Roberto acaba de entrar y su mujer, Carolina, parece enfadada. Al ver sus ojos hinchados, él se percata de que ha estado llorando. Pero cuando entra, Carolina no se vuelve hacia él en busca de consuelo, sino que lo mira con una expresión que dice: «¿Cómo has podido?» Roberto aún no lo sabe, pero Carolina piensa que tiene un aventura, lo cual no es verdad.

¿Cómo ha llegado Carolina a esta peligrosa y errónea conclusión? En la mañana de aquel día ha estado revisando los extractos de la tarjeta de crédito cuando se ha percatado de una factura del Motel Buenas noches, un lugar barato situado a menos de dos kilómetros de su casa. «¿Por qué se habrá quedado en un lugar tan cerca de casa? —se pregunta Carolina—. ¿Por qué no me lo contó a mí?» Y entonces cae en la cuenta. «¡Qué indecente!»

Ahora bien, ¿cuál es la peor manera de abordar esto para Carolina (sin que ello implique tener que hacer las maletas y volver a su ciudad natal)? ¿Cuál es la peor manera de *hablar* del problema? La mayoría de las personas coinciden en que entrar de lleno con una desagradable acusación seguida de una amenaza sería un buen candidato para esa distinción. También es lo que hace la mayoría de la gente, y Carolina no es ninguna excepción.

—No puedo creer que me estés haciendo esto —dice en tono dolido.

—¿Haciendo qué? —pregunta Roberto, sin saber de qué habla su mujer, pero intuyendo que, sea lo que sea, no pinta demasiado bien.

—Ya sabes de qué hablo —dice ella, mientras Roberto sigue preso de la incógnita.

«¿Acaso tengo que disculparme por haber olvidado su cumpleaños? —cavila Roberto—. No, ni siquiera es verano y su cumpleaños es el… Bueno, por su cumpleaños hace un calor sofocante.»

—Lo siento, no sé de qué hablas —responde desconcertado.

—¡Tienes un romance con alguien, y tengo las pruebas aquí mismo! —exclama Carolina, enseñándole un trozo de papel arrugado.

—¿Y qué dice en el papel que te hace pensar que tengo un romance con alguien? —pregunta él, totalmente confundido, porque 1) no tiene ninguna aventura y 2) en el papel no hay ni una sola foto que pudiera dar lugar a una idea equivocada y comprometerlo.

—Es un recibo de un motel. Estúpido. ¡Llevas a una mujer a un motel, y lo cargas a la tarjeta de crédito! ¡No puedo creer que me estés haciendo esto a mí!

Ahora bien, si Carolina estuviese segura de que Roberto tiene una aventura, quizás este tipo de conversación sería de lo más normal. Puede que no sea la mejor manera de abordar el tema, pero Roberto al menos entendería por qué ella formula acusaciones y esgrime amenazas.

Pero, la verdad sea dicha, sólo tiene un trozo de papel con unos cuantos números. Esta prueba tangible le ha hecho sospechar. ¿Cómo debería hablar de esta incómoda corazonada suya de una manera que conduzca al diálogo?

DEFINIR MI CAMINO

Si el objetivo de Carolina es tener una sana conversación sobre un tema difícil (por ejemplo, «Pienso que estás teniendo una aventura»), su única esperanza es perseverar en el diálogo, al menos hasta que confirme o no sus inquietudes. Esto es verdad para cualquiera que tenga una conversación crucial (por ejemplo, «Tengo la impresión de que me controlas obsesivamente»; «Temo que estés consumiendo drogas»). Aquello significa que, a pesar de sus peores sospechas, no debería violar el principio del respeto. En la misma línea, no debería sabotear la seguridad con amenazas y acusaciones.

Entonces, ¿qué debe hacer? Empezar por el corazón. Piense en lo que *realmente* desea y evalúe cómo el diálogo puede ayudarle a conseguirlo. Y conserve el dominio de su historia, advirtiendo que podría estar precipitándose en una historia de víctimas, villanos o desvalidos. La mejor manera de dar con la verdadera historia no consiste en *representar* la peor historia que pueda pensar. Aquello lo conducirá a un silencio autodestructivo y a juegos de violencia. Piense en otras explicaciones posibles el tiempo suficiente para templar sus emociones y reanudar el diálogo. Por otro lado, si resulta que tenía razón en su impresión inicial, tendrá todo el tiempo del mundo para llegar a la confrontación más tarde.

Una vez que haya trabajado consigo mismo para crear las condiciones adecuadas para el diálogo, puede recurrir a diferentes habilidades que le ayudarán a abordar hasta los temas más delicados en una conversación. Estas cinco herramientas se pueden recordar con facilidad mediante el acrónimo ANIME. Que corresponde a:

- Anteponer los hechos
- Narrar su historia
- Invitar al otro a compartir su camino
- Mencionar tentativamente
- Estimular las pruebas

Las tres primeras habilidades describen *qué* hacer. Las últimas dos se refieren a *cómo* hacerlo.

LAS HABILIDADES DEL «QUÉ»

Comparta sus hechos

En el capítulo anterior, señalábamos que si vuelve sobre su Camino a la Acción hasta llegar a la fuente, acaba encontrando los hechos. Por ejemplo, Carolina encontró la factura de la tarjeta de crédito. Eso es un hecho. Luego contó una historia: Roberto tiene una aventura. Luego se sintió traicionada y horrorizada. Finalmente, atacó a Roberto: «¡Jamás debería haberme casado contigo!» La interacción fue rápida, predecible y muy desagradable.

¿Qué pasaría si Carolina tomara un camino diferente, un camino que comenzara por los hechos? ¿Qué pasaría si pudiese aplazar la desagradable historia que se contó a sí misma (pensando deliberadamente en unas historias alternativas verosímiles) y comenzara por los hechos? ¿Acaso no sería un camino más seguro? «Quizá —reflexiona—, haya un buen motivo que explique todo esto. ¿Por qué no comienzo por la factura sospechosa y continúo a partir de ahí?»

Si comenzara por ahí, acertaría. La mejor manera de compartir su opinión es seguir su Camino a la Acción de principio a fin, de la misma manera que hizo el camino a la inversa (Figura 7-1). Lamentablemente, cuando se dispara nuestro nivel de adrenalina tenemos tendencia a hacer precisamente lo contrario. Puesto que nos obsesionan nuestras emociones e historias, es por ahí por donde empezamos. Desde luego, empezar por nuestras historias desagradables es la manera más polémica, menos estimulante y más insultante en que podemos comenzar.

Figura 7-1. Camino a la Acción

Para empeorar las cosas, esta estrategia crea una profecía adicional que contribuye a su propio cumplimiento. Tenemos tantas ganas de contar sin reparos nuestras poco halagadoras historias que decimos las cosas con una notable ineficacia. Luego, cuando vemos los malos resultados (que es, precisamente, lo que *obtendremos*) nos decimos a nosotros mismos que no podemos compartir opiniones delicadas sin crear problemas. De modo que en la siguiente ocasión en que tenemos algo delicado que decir, mostramos aún más reticencias para hablar. Nos lo guardamos dentro, y entonces la historia acumula presión. Cuando finalmente compartimos nuestra horrible historia, lo hacemos con un sentimiento de venganza. El ciclo vuelve a comenzar.

Los hechos son los menos polémicos. Los hechos definen un comienzo seguro. Por su propia naturaleza, los hechos no son polémicos, por eso los llamamos hechos. Por ejemplo, pensemos en la frase: «Ayer llegaste veinte minutos tarde al trabajo». No hay nada que discutir. Las conclusiones, al contrario, son sumamente polémicas. Por ejemplo: «No se puede confiar en ti». Eso difícilmente podría calificarse de hecho. En realidad, se parece más a un insulto, y sin duda se puede cuestionar. A la larga, es posible que queramos compartir nuestras conclusiones, pero es evidente que no queremos empezar con una polémica.

Los hechos son los más persuasivos. Además de ser menos polémicos, los hechos también son más persuasivos que las conclusiones subjetivas. Los hechos constituyen los fundamentos de las ideas. De modo que si quiere persuadir a otros, no empiece por sus historias, empiece por sus observaciones. Por ejemplo, ¿cuál de las siguientes frases encuentra más persuasiva?

1) «¡Quiero que dejes de acosarme sexualmente!» o,

2) «Cuando hablas conmigo, mueves los ojos de arriba abajo por mi cuerpo en lugar de mirarme a la cara. Y a veces me pones la mano en el hombro.»

Ya que hablamos de ser persuasivos, aprovechemos para decir que nuestro objetivo no es persuadir a otros de que tenemos *razón*. No intentamos «ganar» en el diálogo, sólo queremos que nuestro significado se incorpore al fondo de significado y sea escuchado con imparcialidad. Intentamos ayudar a otros a ver que una persona razonable, racional y decente podría acabar protagonizando una historia como la que contamos.

Cuando comenzamos con conclusiones impactantes u ofensivas («¡Deja de mirarme de arriba abajo!» o «Creo que deberíamos declararnos en quiebra»), estimulamos a otros a contar historias de villanos sobre nosotros. Ya que no les hemos presentado hechos que apoyen nuestra conclusión, se inventan motivos para explicar por qué decimos estas cosas. Es posible que piensen que o somos estúpidos o somos perversos.

Si su objetivo es ayudar a otros a ver cómo una persona razonable, racional y decente podría pensar lo que usted piensa, comience por sus hechos.

Y si no está seguro de cuáles son sus hechos (porque su historia distrae toda su atención) tómese el tiempo para pensar en ellos *antes* de abordar la conversación crucial. Tómese el tiempo para distinguir entre los hechos y las conclusiones. Uno de los deberes en las conversaciones cruciales es recopilar los hechos.

Los hechos son los menos insultantes. Si realmente desea compartir su historia, no comience por ella. Su historia (sobre todo si lo ha llevado a una conclusión más bien desagradable) podría fácilmente insultar y sorprender a otros. De un solo plumazo, con una frase mal pensada, podría dar al traste con la seguridad.

> BRIAN: Quisiera hablar contigo acerca de tu manera de dirigir. Me controlas hasta en los más mínimos detalles, y eso comienza a ponerme de los nervios.
>
> FERNANDO: Pero ¿qué dices? Sólo te he preguntado si acabarías a tiempo, y tú me vienes con...

Si empieza por su historia (y, al hacer esto, da al traste con la seguridad), es muy probable que nunca llegue realmente a los hechos.

Empiece su camino con hechos. Para hablar de sus historias, tiene que llevar a las personas involucradas por su Camino a la Acción. Déjeles conocer su camino de principio a fin, y no desde el comienzo hasta... bueno, hasta donde sea que le lleve. Y dé a conocer a otros su experiencia desde su punto de vista, empezando por sus hechos. De esta manera, cuando hable acerca de lo que comienza a percibir como conclusión, ellos entenderán por qué. Primero los hechos, y luego la historia, y asegúrese de que mientras explica su historia, la cuenta como una historia posible, no como si fuera un hecho concreto.

> BRIAN: Desde que comencé a trabajar aquí, me pides que me reúna contigo dos veces al día. Eso es más que con todo el resto. También me has pedido que te dé a conocer mis ideas antes de incluirlas en los proyectos. [*Hechos*]
>
> FERNANDO: ¿Qué quieres decir?
>
> BRIAN: No sé si es el mensaje que quieres transmitir, pero me empiezo a preguntar si confías en mí. Quizá pienses que no estoy a la altura del trabajo o que te meteré en problemas. ¿Es eso lo que sucede? [*La historia como una* posibilidad]
>
> FERNANDO: En realidad, sólo intentaba darte una oportunidad para que tengas mi opinión antes de que te comprometas demasiado en un proyecto. El último colega con el que trabajé siempre llegaba casi al final del proyecto y sólo entonces descubría que había omitido algún elemento clave. Intento evitar sorpresas.

Gánese el derecho de compartir su historia empezando por sus hechos. Éstos constituyen los fundamentos de todas las conversaciones delicadas.

Explique su historia

Contar su propia historia puede ser engañoso. Aunque haya empezado por sus hechos, la otra persona aún puede adoptar una actitud a la defensiva cuando usted deja los hechos y pasa a las historias. Al fin y al cabo, se trata de compartir con otros conclusiones y juicios potencialmente poco halagadores.

Para empezar, ¿por qué compartir su historia? Porque rara vez vale la pena mencionar los hechos por sí solos. Son los hechos más la conclusión los que exigen una conversación cara a cara. Además, si se limita a mencionar los hechos, puede que la otra persona no entienda la gravedad de las implicaciones. Por ejemplo:

—Vi que tenías un disco con software de la empresa en tu mochila.

—Sí, así es, eso es lo bueno que tienen los discos. Te los puedes llevar de un sitio a otro.

—Ese disco en concreto tiene un propietario.

—¡Así debería ser! Nuestro futuro depende de ello.

—Tengo entendido que no hay que llevárselos a casa.

—Desde luego que no. Es así como se los roban.

(*Suena como si hubiese llegado el momento de una conclusión.*) «Me preguntaba qué hacía ese disco en tu mochila. Parece que te lo llevas a casa, ¿no es así?»

La confianza es necesaria. Para ser sincero, puede ser difícil compartir conclusiones negativas y juicios poco atractivos (por ejemplo, «me pregunto si no serás un ladrón»). La confianza es necesaria para compartir una historia tan potencialmente explosiva. Sin embargo, si usted ha hecho sus deberes pensando en los hechos tras su historia, se dará cuenta de que sí está llegando a una conclusión razonable, racional y decente. Una conclusión que merece ser escuchada. Y al empezar por los hechos, usted ha sentado las bases. Al pensar en los hechos y luego liderar con ellos, es mucho más probable que tenga la confianza necesaria para aportar un significado polémico y vital al fondo compartido.

No acumule presión. A veces carecemos de la confianza necesaria para hablar y dejamos que los problemas acumulen presión durante mucho tiempo. Cuando nos dan la oportunidad, lanzamos todo un arsenal de conclusiones nada favorables. Por ejemplo, está a punto de entablar una conversación crucial con la maestra de de su hija. La maestra quiere que su hija repita curso. Usted quiere que su hija siga junto al resto del grupo. Esto es lo que pasa por su cabeza:

¡No lo puedo creer! Esta maestra acaba de salir de la universidad y quiere que Débora repita curso. Para ser sincera, no creo que preste demasiada importancia al estigma de tener que repetir. Peor aún, se apoya en las recomendaciones del psicólogo de la escuela. Este tipo es un perfecto idiota. Yo lo conozco, y no confiaría en él ni para curarme un resfriado. No pienso dejar que estos dos imbéciles se salgan con la suya.

¿Cuál de estas insultantes conclusiones o juicios debería compartir? Desde luego, no toda la artillería de cuentos desagradables. De hecho, será necesario que trabaje con esta historia de villanos antes de albergar la esperanza de sostener un diálogo sano. A medida que lo haga, su historia se parecerá más a esto (observe la cuidadosa elección de las palabras, al fin y al cabo, se trata de su historia, no de los hechos):

La primera vez que escuché su recomendación, mi reacción inicial fue oponerme a su decisión. Pero después de pensar en ello, me he dado cuenta de que podría estar equivocada. He pensado que realmente no tengo ninguna experiencia para decir qué le convendría más a Débora en esta situación, sólo temores acerca del estigma de no aprobar el curso. Sé que es un tema complejo. Me gustaría conversar y ver cómo las dos podemos reflexionar más objetivamente sobre esta situación.

Atento a los problemas de seguridad. Cuando comparta su historia, manténgase atento a las señales que indican que la seguridad se deteriora. Si las personas adoptan actitudes a la defensiva o parecen sentirse insultadas, tome distancia con la conversación y restablezca la seguridad mediante el Contraste.

Utilice el Contraste. Así es como debería hacerlo:

> Sé que le importa mucho mi hija, y confío en que posee una buena formación. Eso no es lo que me preocupa. Sé que quiere lo mejor para Debbie, y yo también. Lo único que creo es que se trata de una decisión ambigua que tendrá enormes consecuencias para el resto de su vida.

Recuerde no pedir perdón por sus opiniones. El objetivo del Contraste no es diluir su mensaje, sino asegurarse de que las personas no escuchen lo que usted no ha dicho. Tenga la suficiente confianza para compartir lo que realmente desea expresar.

Consulte el camino de los demás

Hemos mencionado que la clave para compartir ideas delicadas es una mezcla de confianza y humildad. Expresamos nuestra confianza compartiendo nuestros hechos y nuestras historias con claridad. Demostramos nuestra humildad pidiendo a otros que compartan sus opiniones, y diciéndolo de corazón.

Así, cuando haya compartido su punto de vista (hechos e historias por igual) invite a otros a que hagan lo mismo. Si su objetivo es seguir ampliando el fondo de significados en lugar de tener razón, o tomar la mejor decisión en lugar de imponer la suya, estará dispuesto a escuchar las opiniones de los demás. Al estar abiertos al aprendizaje, manifestamos la mejor cara de la humildad.

Por ejemplo, pregúntese: «¿Qué piensa la maestra? ¿Es verdad que mi jefe me controla obsesivamente? ¿Mi cónyuge tiene realmente una aventura?»

Para averiguar las opiniones de otros sobre un tema, estimúlelos a que expresen sus hechos, historias y sentimientos. Después escuche atentamente lo que digan. También es importante estar dispuesto a renunciar a su historia o a modificarla a medida que se aporta más información al fondo de significados compartidos.

LAS HABILIDADES DEL «CÓMO»

Hable con prudencia

Si repasa las historias que hemos compartido hasta ahora, observará que nos hemos preocupado de describir los hechos y las historias con prudencia. Por ejemplo, «Me preguntaba qué...»

Hablar con prudencia significa sencillamente que contamos nuestra historia como historia en lugar de disfrazarla de hecho. «Quizá no te habías dado cuenta...» da a entender que el hablante no tiene una certeza absoluta. «En mi opinión...» significa que está compartiendo una opinión y nada más.

Cuando comparta una historia, intente amalgamar confianza y humildad. Compártala de tal manera que exprese una confianza apropiada en sus conclusiones a la vez que demuestre que, si corresponde, desearía que dichas conclusiones sean impugnadas. Para hacer eso, cambie «El hecho es que» por «En mi opinión». Cambie «Todos lo saben» por «He hablado con tres de nuestros proveedores que lo creen». Suavice el «A mí me queda claro que...» y cámbielo por «Comienzo a preguntarme si...»

¿Por qué suavizar el mensaje? Porque intentamos aportar significados al fondo, no obligar a otras personas a tragárselos. Si ejercemos demasiada presión, la información no llegará al fondo. Una de las ironías del diálogo es que, cuando hablamos con aquellos que defienden opiniones encontradas, cuanto más convencida y contundente sea nuestra forma de actuar, mayor resistencia encontrará en los demás. Hablar en términos absolutos y exagerados no aumenta nuestra influencia, la disminuye. Y lo contrario también es verdad: cuanto mayor es nuestra prudencia al hablar, más abiertos se muestran los demás a nuestras opiniones.

Ahora bien, esto plantea una pregunta interesante. Ha habido personas que nos han preguntado si mostrarse prudente es lo mismo que ser manipulador. Esto es, «fingimos» estar inseguros sobre nuestra opinión para ayudar a los demás a que la tengan en cuenta sin ponerse tan a la defensiva.

Nuestra respuesta a esto es un inequívoco *no*. Si fingimos prudencia, no estamos dialogando. La razón para que debamos hablar con prudencia es porque, de hecho, no estamos seguros de que nuestras opiniones representen una verdad absoluta o que nuestra comprensión de los hechos sea absoluta y perfecta. Jamás deberíamos fingir estar menos seguros de lo que lo estamos; pero, de igual manera, no deberíamos fingir estarlo más de lo que nuestra limitada capacidad nos permita. Nuestras observaciones podrían ser incorrectas; nuestras historias… bueno, nuestras historias no son más que hipótesis fundadas.

Con prudencia, no con debilidad. A algunas personas les preocupa tanto no presionar ni imponerse que equivocan el camino en otra dirección. Se inhiben y optan por otra Alternativa del Tonto. Piensan que la única manera segura de compartir información delicada es actuando como si no fuera importante.

«Ya sé que esto probablemente no es verdad…» o «Creerás que estoy loco, pero…»

Cuando comienza con una exención de responsabilidades absoluta y lo hace en un tono que sugiere que lo consume la duda, le hace un daño considerable al mensaje. Una cosa es ser humilde y abierto, y otra muy diferente sufrir de una inseguridad crónica. Utilice un lenguaje que comunique que comparte una opinión, no un lenguaje que dé a entender que está hecho un manojo de nervios.

Una «buena» historia: la prueba de Ricitos de oro

Para tener una idea de cómo compartir de la mejor manera posible su historia, y asegurarse de que no actúa con demasiada dureza ni demasiada suavidad, piense en los siguientes ejemplos:

Demasiado suave: «Puede que esto te parezca una estupidez, pero...»

Demasiado duro: «¿Por qué nos has engañado?»

Combinación adecuada: «Comienza a dar la impresión de que has escogido esta casa para tu uso exclusivo. ¿Es verdad eso?»

Demasiado suave: «Me avergüenza incluso hablar de ello, pero...»

Demasiado duro: «¿Cuándo comenzaste concretamente a consumir drogas duras?»

Combinación adecuada: «He llegado a la conclusión de que estás consumiendo drogas. ¿Tienes algo que contarme de lo que no me haya enterado?»

Demasiado suave: «Seguramente es culpa mía, pero...»

Demasiado duro: «¡No confiarías ni en tu propia madre para que te prepare un huevo!»

Combinación adecuada: «Comienzo a sentirme como si no confiaras en mí. ¿Es eso lo que pasa? Si es así, quisiera saber qué he hecho para perder tu confianza».

Demasiado suave: «Puede que quizá sea una persona demasiado sexual o algo así, pero...»

Demasiado duro: «Si no encuentras una manera de notar la poca frecuencia, yo me voy».

Combinación adecuada: «No creo que sea tu intención, pero comienzo a sentirme rechazado».

Estimule las pruebas

Cuando pide a otras personas que compartan sus caminos, su manera de formular la invitación marca una gran diferencia. No sólo debería invitar a otros a hablar, sino hacerlo dejando claro que, independientemente de lo polémico de sus ideas, usted quiere escucharlas. Las personas necesitan sentirse seguras al compartir sus observaciones y sus historias, incluso aunque sean diferentes de las suyas. De otra manera, no abren la boca y no se puede poner a prueba ni la precisión ni la relevancia de sus opiniones.

La seguridad es especialmente importante cuando sostiene una conversación crucial con personas que quizás opten por el silencio. Algunas personas eligen la Alternativa del Tonto en estas circunstancias. Temen que si comparten sus verdaderas opiniones, otros se enfrascarán en el silencio. De modo que eligen entre decir lo que piensan y escuchar a los demás. Sin embargo, las personas *mejor* dotadas para el diálogo no contemplan esta elección. Hacen las dos cosas. Entienden que el único límite a la fuerza con que se pueden expresar las opiniones es la disposición de mostrarse igualmente enérgicos para estimular a otros a desafiarlas.

Estimule las opiniones contrarias. De modo que si piensa que otros tal vez vacilan, deje claro que desea escuchar sus opiniones, por diferentes que sean. Si los otros no están de acuerdo, tanto mejor. Si lo que tienen que decir es polémico o incluso delicado, respételos por tener la valentía de expresar lo que piensan. Si tienen diferentes hechos o historias, tiene que escucharlas para que le ayuden a completar el cuadro. Asegúrese de que tengan la oportunidad de compartir invitándolos decididamente a hacerlo. «¿Hay alguien que lo vea de manera diferente?» «Me parece que faltan algunas opiniones.» «Quisiera, de verdad, oír la otra versión de la historia.»

Dígalo de verdad. A veces las personas ofrecen una invitación que parece más una amenaza que un verdadero llamamiento a plantear opiniones. «Bueno, así lo veo yo. Nadie tiene objeciones, ¿no?» No convierta una invitación en una amenaza velada. Invite a las personas con palabras y con un tono que diga: «Realmente quiero oírte». Por ejemplo: «Conozco a personas que tienen ciertas reservas para hablar de esto, pero realmente me encantaría escuchar la opinión de todos». O: «Sé que hay al menos dos versiones de esta historia. ¿Podríamos escuchar otras opiniones? ¿Qué problemas podría traernos esta decisión?»

Conviértase en el abogado del diablo. De vez en cuando nos damos cuenta de que otros no se tragan nuestros hechos ni nuestras historias, pero tampoco se hacen oír. Los hemos invitado sinceramente, incluso hemos estimulado las opiniones divergentes, pero nadie dice nada. Para facilitar las cosas, conviértase en el abogado del diablo.

Modele el desacuerdo manifestando su desacuerdo con su propia opinión. «Quizá me equivoque. ¿Qué pasaría si lo contrario fuera verdad? ¿Qué pasaría si la razón por la que las ventas han disminuido fuera que...»

Persevere hasta que su motivo sea evidente. A veces —en especial, si está usted en una posición de autoridad— incluso ser adecuadamente prudente no evita que los demás sospechen que sólo los quiere para que le den la razón o que los está provocando para aplicarles un correctivo. Esto es especialmente cierto cuando los antiguos jefes o las antiguas figuras de autoridad les haya invitado a hablar para luego castigarles por hacerlo.

Aquí es donde la habilidad de *estimular las pruebas* entra en juego. Con ella, puede discutir con tanta energía como quiera para defender su punto de vista, siempre que sea aun más enérgico animando —incluso rogando— a los demás a que disientan. La verdadera prueba de si su motivación es ganar un debate o entablar un verdadero diálogo estriba en el grado, mayor o menor, en que estimula usted las pruebas.

DE VUELTA AL MOTEL

Para ver cómo estas habilidades ANIME encajan en una conversación delicada, volvamos a la factura del motel. Sólo que esta vez, Carolina se maneja mucho mejor cuando se trata de hablar de un tema delicado.

ROBERTO: Hola, cariño, ¿cómo ha ido el día?

CAROLINA: No muy bien.

ROBERTO: ¿Por qué?

CAROLINA: Estaba revisando los recibos de la tarjeta de crédito y encontré una factura de cuarenta y ocho dólares del motel Buenas Noches, el que está en esta calle. [*Comparte hechos*]

ROBERTO: Vaya, parece una equivocación.

CAROLINA: Eso parece.

ROBERTO: Bueno, no te preocupes, lo miraré uno de estos días cuando pase por allí.

CAROLINA: Sería un alivio para mí si lo verificáramos ahora.

ROBERTO: ¿Tú crees? Son menos de cincuenta dólares. Puede esperar.

CAROLINA: No es el dinero lo que me preocupa.

ROBERTO: ¿Estás preocupada?

CAROLINA: Es un motel que queda en esta calle. Ya sabes que es así como mi hermana descubrió que Gilberto tenía una aventura. Encontró un recibo de hotel sospechoso. [*Comparte historia, con prudencia*] Yo no tengo de qué preocuparme, ¿no es cierto? ¿Cómo crees que se generó ese cargo en la tarjeta? [*Consulta el camino de los demás*]

ROBERTO: No lo sé, pero seguro que no tienes que preocuparte por mí.

CAROLINA: Ya sé que no me has dado ninguna razón para cuestionar tu fidelidad. No creo realmente que tengas una aventura. [*Contraste*] Sólo que me quedaría más tranquila si lo revisamos ahora mismo. ¿Te molesta? [*Estimula las tentativas*]

ROBERTO: No, en absoluto. Los llamaremos y averiguaremos qué ha sucedido.

Cuando esta conversación realmente tuvo lugar, era exactamente igual a la que describimos más arriba. El cónyuge que sospechaba evitaba las acusaciones y las historias desagradables, compartía los hechos y luego avanzaba una posible conclusión para compartir. Al final, resulta que la pareja había ido a un restaurante chino al comienzo del mes. El dueño del restaurante también era dueño del motel y utilizaba la misma máquina para cobrar con tarjeta en ambos establecimientos. Metedura de pata.

Al compartir prudentemente una historia en lugar de atacar, insultar y amenazar, la mujer inquieta evitó un enorme conflicto y la relación de la pareja se vio fortalecida en un momento en que se podría haber dañado fácilmente.

VitalSmarts El debate

Revise dos vídeos que demuestran la necesidad de las habilidades ANIME. En el primero, dos compañeros de trabajo están en desacuerdo por la visita de un cliente, y la no utilización de las habilidades destruye el diálogo. En el segundo, uno de los trabajadores utiliza las habilidades ANIME para llevar la conversación a una resolución positiva.

Para ver este vídeo, visite www.CrucialConversations.com/exclusive

CREENCIAS SÓLIDAS

Ahora centraremos nuestra atención en otro desafío de la comunicación. Esta vez, no hará comentarios delicados ni contará historias dudosas. Se limitará a entrar en una discusión y defender su punto de vista. Es el tipo de cosas que hace todo el tiempo. Lo hace en casa, en el trabajo y, sí, se ha sabido que incluso ha formulado unas cuantas opiniones mientras esperaba en la cola para poder votar.

Lamentablemente, a medida que los factores en juego cobran importancia y otros sostienen opiniones divergentes (y *usted sabe en el fondo de su corazón que tiene razón y que ellos están equivocados*) comienza a presionar demasiado. Sencillamente tiene que ganar. Hay demasiado en juego y sólo usted tiene las ideas claras. Si los dejamos con sus propios métodos, los otros estropearán las cosas. De modo que cuando está interesado en una gran negociación y está seguro de lo que piensa, no sólo habla, sino que intenta introducir a la fuerza sus opiniones en el fondo de significados. Ya sabe, ahogar a los demás en la verdad. Como es natural, los otros se resisten. Usted, a su vez, presiona aún más.

Como consultores, nosotros (los autores) consideramos que este tipo de cosas sucede todo el tiempo. Por ejemplo, sentados en torno a la mesa hay un grupo de directivos que comienzan a debatir un tema importante. Al principio, alguien sugiere que es la única persona con una verdadera perspectiva del problema. Alguien comienza a lanzar hechos como si fueran dardos venenosos. Y otro (justo alguien que tiene información crítica) se enfrasca en el silencio. A medida que las emociones se vuelven más intensas, las palabras que antes eran cuidadosamente escogidas y pronunciadas, ahora están teñidas de una certeza absoluta, algo más bien típico de vindicaciones clavadas a las puertas de las iglesias o esculpidas en tablas de piedra.

Al final, nadie escucha, todos han optado por el silencio o la violencia y el Fondo de Significados Compartidos permanece seco y contaminado. Nadie gana.

¿Cómo llegamos a esto?

Comienza con una historia. Cuando sentimos la necesidad de imponer nuestras ideas a otras personas, generalmente es porque creemos que tenemos razón y que todos los demás están equivocados. No hay necesidad de ampliar el Fondo de Significados Compartidos porque nosotros *somos los dueños* del fondo. También creemos firmemente que es nuestro deber luchar por la verdad que sostenemos. Es lo más honroso que se puede hacer. Es lo que hace la gente con carácter.

Desde luego, los otros no son precisamente villanos en esta historia. Simplemente no saben más de lo que saben. Nosotros, al contrario, somos héroes modernos en nuestra cruzada contra la ingenuidad y la miopía mental.

Nos sentimos justificados recurriendo a trucos sucios. Una vez que estamos convencidos de que es nuestro deber luchar por la verdad, comenzamos a sacar el armamento pesado. Utilizamos trucos de debates que hemos aprendido a lo largo de los años. El más importante de ellos es la capacidad de «marcar la baraja». Citamos información que apoya nuestras ideas mientras ocultamos o desacreditamos cualquier cosa que no nos apoye. Luego aderezamos el discurso con exageraciones: «Todos saben que ésta es la única manera de hacerlo». Cuando esto no da resultados, adornamos nuestro lenguaje con términos exaltados:

«Cualquier persona honrada estaría de acuerdo conmigo».

A partir de ese momento, utilizamos todo tipo de trucos sucios. Apelamos a la autoridad: «Bueno, eso es lo que piensa el jefe». Atacamos a la persona: «No serás tan ingenuo como para creerte eso, ¿verdad?» Llegamos a conclusiones precipitadas: «Si sucedió en nuestra operación en el extranjero, seguramente ocurrirá aquí». Y atacamos al hombre de paja: «Por supuesto que podemos seguir tu plan... siempre que queramos ofender a nuestros principales clientes y perder el negocio».

Y, una vez más, cuanto más intentemos y más presionemos con nuestras tácticas, mayor será la resistencia que generemos, peores serán los resultados y más dañadas quedarán nuestras relaciones.

¿Cómo cambiar?

La solución ante una defensa excesiva es, de hecho, bastante sencilla, si consigue alcanzarla. Cuando se encuentra en una situación en que daría cualquier cosa por convencer a otros de que su opción es la mejor, abandone su ofensiva actual y piense en lo que realmente desea para sí mismo, para ellos y para la relación. Luego pregúntese:

«¿Cómo actuaría si éstos fueran los resultados que realmente deseo?» Cuando su nivel de adrenalina se encuentre por debajo del límite legal de 0,05, podrá poner en práctica sus habilidades ANIME.

En primer lugar, *Aprenda a* Observar. Permanezca atento al momento en que las personas comienzan a mostrar resistencia ante usted: puede que empiecen a levantar la voz y/o a sobrevalorar los hechos que apoyan sus puntos de vista como reacción a las tácticas que propone, o quizá se refugien en el silencio. Céntrese en sí mismo más que en el tema (aunque sea muy importante). ¿Se está inclinando hacia delante? ¿Habla más fuerte que de costumbre? ¿Comienza a intentar ganar? ¿Habla con largos monólogos y recurriendo a artimañas? Recuerde: *Cuanto más le importe un tema, menos probable será que adopte su mejor actitud.*

En segundo lugar, matice su perspectiva. Hágase a la idea de que los otros también tienen algo que decir —y mejor aún, puede que incluso tengan un trozo del rompecabezas— y pregúnteles por sus opiniones.

Desde luego, esto no es fácil. Detenerse cuando más nos importa es tan contrario a nuestras intenciones que la mayoría tenemos problemas para conseguirlo. No es fácil suavizar el lenguaje cuando estamos convencidos de algo. ¿Y quién quiere pedirle a los otros sus opiniones cuando sabemos que están equivocados? Es una absoluta locura.

De hecho, puede parecer poco ingenioso ser prudente cuando nuestras propias y sólidas ideas son impugnadas. Desde luego, cuando vemos a *otros* renunciar al diálogo e imponer su opinión a los demás, es evidente que si no se echan atrás no convencerán a nadie. Eso es cuando observamos a los *otros*. En cambio, cuando nosotros mismos presionamos fuerte, es lo más correcto, ¿no es así?

Veamos la verdad a la cara. Cuando se trata de nuestras opiniones más sólidas, la pasión puede ser nuestra enemiga. Desde luego, tener sentimientos intensos acerca de algo no es malo en sí mismo. Está bien tener opiniones sólidas, el problema es cuando intentamos expresarlas.

Por ejemplo, cuando creemos firmemente en una idea o en una causa, nuestras emociones intervienen e intentamos imponer nuestra opinión a otros. Cuando nuestras emociones intervienen, nuestras ideas dejan de fluir suave y gradualmente al fondo de significados y nuestros pensamientos se derraman de nuestras bocas como el agua de un grifo abierto. Y ya lo hemos visto, los otros adoptan una actitud a la defensiva. Cuando esto sucede, cuando nuestras emociones convierten nuestras ideas en un flujo mental duro e hiriente, nuestra pasión sabotea la conversación en lugar de prestarle apoyo.

Sorpréndase en el acto. Y entonces, ¿qué debe hacer? Conténgase a sí mismo antes de lanzarse a un monólogo. Piense que si comienza a sentirse indignado o si no logra entender por qué otros no se convencen (al fin y al cabo, para usted es tan evidente), es que ha entrado en territorio peligroso.

Mantenga a distancia su lenguaje duro y concluyente, sin que eso implique desistir de sus ideas. Manténgase fiel a ellas, pero suavice su manera de abordarlas.

Mi Conversación Crucial: Lorena A.

Hace tres años, a mi hija adolescente le diagnosticaron un trastorno bipolar. Los altibajos maníaco-depresivos son increíblemente alarmantes porque suelen acabar de manera violenta, y el abismo de la depresión subsiguiente (a un episodio violento) verdaderamente nos hacía temer a mi marido y a mí por la vida de nuestra hija.

Con los trastornos bipolares, se tarda mucho tiempo en adecuar la dosificación de los medicamentos al paciente, quien debe ser sumamente constante en tomar la medicación prescrita. Por supuesto, tanto los medicamentos que no han sido recetados por un especialista como el alcohol están prohibidos. Durante esta difícil etapa, la policía tuvo que acudir a nuestro hogar para sofocar los brotes de violencia. También veíamos impotentes a nuestra hija consumir drogas y alcohol y autolesionarse. Dejó de ir al colegio, y tuvimos que hospitalizarla. Rezamos mucho.

Por suerte, empecé a utilizar mis habilidades de Conversaciones Cruciales en los altibajos maníaco-depresivos, ¡y funcionaron! La utilización del Contraste fue sumamente eficaz (y todavía lo es) para sofocar su ira y tristeza. Con el tiempo, una vez que mi hija se estabilizó, las habilidades (ANIME) para definir mi camino se convirtieron literalmente en un salvavidas. Me di cuenta de que si tenía cuidado en eliminar mis juicios cuando le contaba mis preocupaciones y me limitaba a expresarlos objetivamente, entonces la estimulaba a que me contara lo que pensaba y ella podía escucharme más fácilmente.

Con la ayuda de Conversaciones Cruciales, pude mantener una relación con mi hija durante un momento de su vida en que era difícil abordarla. Desde su diagnóstico y tratamiento, ha conseguido darle realmente la vuelta a su vida. Toma la medicación, cambió de amistades, va a terapia, pide ayuda a los profesores cuando se siente estresada, realiza un voluntariado en la iglesia con niños discapacitados y, lo que es más importante, habla con mi marido y conmigo.

> A medida que vayamos afrontando nuevos problemas en el futuro, podré y continuaré utilizando estas habilidades. Creo que en gran medida nos han ayudado a salvar a nuestra hija.
>
> Lorena A.

RESUMEN — DEFINIR MI CAMINO

Cuando tenga que compartir un mensaje difícil, y cuando esté tan convencido de que tiene razón que quizá presione demasiado, acuérdese de definir su camino con las habilidades ANIME:

- *Anteponga sus hechos*. Comience con los elementos menos polémicos y más persuasivos de su Camino a la Acción.

- *Narre su historia*. Cuente cuáles son las conclusiones a las que ha llegado.

- *Invite a otros a compartir su camino*. Estimule a los demás a compartir sus hechos y sus historias.

- *Mencione tentativamente*. Defina su historia como historia, no la disfrace de hecho.

- *Estimule las pruebas*. Procure seguridad para que los demás expresen opiniones divergentes o incluso contrarias.

8

Una de las mejores maneras de persuadir a otros es con nuestras orejas...; escuchándoles.

DEAN RUSK

Explorar el camino de los demás

Cómo escuchar cuando otros explotan o se mantienen en el silencio

Durante los últimos meses, su hija Wendy ha comenzado a salir con un tipo que parece estar a punto de ser detenido por delitos graves. Después de sólo unas semanas de ir con este individuo «tan interesante», la indumentaria de Wendy se ha vuelto demasiado sugerente para su gusto y, además, su hija ha tomado la costumbre de salpicar su lenguaje con palabrotas. Cuando usted intenta tranquilamente hablar con ella acerca de estos cambios recientes, ella responde con una sarta de acusaciones e insultos y luego se encierra en su habitación, donde se sume en el silencio durante horas.

Y ahora, ¿qué? ¿No es usted quién debería hacer algo, puesto que no ha optado por el silencio ni la violencia? Cuando los demás causan daño al fondo de significados manteniéndose en el silencio (y se niegan a decir lo que piensan) o explotando (hablando de un

193

modo abusivo e insultante), ¿hay algo que pueda hacer para llevarlos al terreno del diálogo?

La respuesta es un claro «depende». Si prefiere no tocar el asunto (o, en este caso, no evitar un potencial choque de trenes), no diga nada. Parece que es la otra persona la que tiene algo que decir, pero se niega a abrirse. Es el otro el que se ha salido de sus casillas. Usted no puede hacerse responsable de los pensamientos y sentimientos de otra persona, ¿verdad?

Sin embargo, jamás podrá solucionar sus diferencias a menos que todas las partes contribuyan libremente al fondo de significados. Esto requiere que las personas que explotan o que se mantienen en el silencio participen también. Y si bien es verdad que no se puede obligar a otros a dialogar, puede adoptar medidas para que se sientan más seguros. Al fin y al cabo, ése es el motivo por el cual han buscado la seguridad del silencio o la violencia. Temen que el diálogo los haga vulnerables. De alguna manera, creen que si participan en una verdadera conversación con usted, les sucederán cosas desagradables. Su hija, por ejemplo, cree que si habla con usted, le soltará un sermón, la castigará y cortará sus relaciones con el único tipo que parece darle afecto. Restablecer la seguridad es la mejor esperanza para devolver la relación al diálogo.

EXPLORAR EL CAMINO DE LOS DEMÁS

En el capítulo 5, recomendamos que cuando observe que la seguridad está en peligro, debería tomar distancia en la conversación y reanudar el diálogo. Cuando ha ofendido a otras personas mediante un acto irreflexivo, pida disculpas. O si alguien ha malinterpretado su intención, utilice el Contraste. Explique cuáles son sus intenciones y cuáles no lo son. Finalmente, si ya hay una abierta discrepancia, encuentre un Objetivo Común.

A continuación, abordaremos una habilidad adicional: *Explorar el camino de los demás*. Puesto que hemos añadido un modelo de lo que sucede en la mente de otra persona (el Camino a la Acción), disponemos de una herramienta completamente nueva para ayudar a otros a sentirse seguros. Si encontramos una manera de hacerles saber a los otros que no hay peligro en compartir su Camino a la Acción (sus hechos, y también sus historias distorsionadas y sentimientos desagradables), aumentará la probabilidad de que se abran.

Pero ¿cómo conseguirlo?

Empezar por el corazón: Prepararse a escuchar

Sea sincero. Para incluir los hechos e historias de nuestros interlocutores en el fondo de significados, tenemos que invitarlos a compartir lo que piensan. Ya nos ocuparemos del cómo. Por ahora, destacaremos el hecho de que cuando invitamos a otras personas a compartir sus puntos de vista, hay que hacerlo sinceramente. Por ejemplo, pensemos en el siguiente incidente. Una paciente está a punto de abandonar la clínica. El recepcionista se da cuenta de que la mujer se encuentra un poco incómoda, tal vez incluso insatisfecha.

—¿Ha ido todo bien con la visita? — le pregunta.

—Bueno —responde la paciente. (Si hay algo que pueda sugerir que las cosas van mal, la expresión «bueno» es la indicada.)

—Bien —dice el recepcionista en tono brusco. Y a continuación grita—: ¡El siguiente!

Se trata de un clásico caso de fingir interés. Pertenece al tipo de preguntas de la categoría «¿Qué tal?» Significa: «Le ruego que no diga nada relevante. Sólo preguntaba por preguntar». Cuando pida a las personas que se abran, dispóngase a escuchar.

Sea curioso. Cuando quiera saber de otras personas (y así debería ser, puesto que aquello aporta al Fondo de Significados Compartidos), la mejor manera de alcanzar la verdad es dando a los demás la seguridad para contar las historias que los han conducido al silencio o a la violencia. Esto significa que en el preciso momento en que la mayoría de las personas se enfurecen, tenemos que ser curiosos. En lugar de responder con la misma moneda, tenemos que reflexionar sobre el problema que subyace en el estallido.

¿Cómo conseguirlo? ¿Cómo mostrar curiosidad cuando otros nos atacan o buscan un lugar donde refugiarse? Las personas que a diario intentan descubrir por qué otros no se sienten seguros, lo hacen porque han aprendido que llegar a la fuente del temor y del malestar es la mejor manera de reanudar el diálogo. O han visto a otros hacerlo o ellos mismos han encontrado de pronto la fórmula. En cualquier caso, se dan cuenta de que el remedio para el silencio o la violencia no consiste en responder de la misma manera, sino en buscar cuál es el origen de esta actitud a la fuente fundamental. Esto exige una auténtica curiosidad, en circunstancias en que es probable que se sienta frustrado o irritado.

Para convertir en auténtica curiosidad su tendencia visceral a responder con la misma moneda, esté atento a las oportunidades que se presentan para poner en práctica esa curiosidad. Comience por una situación en que observa a alguien que comienza a ponerse emocional y usted aún mantiene el control, como en una reunión donde usted no es personalmente el objeto de ningún ataque y es menos probable que se vea en un apuro. Haga lo posible por llegar a la fuente del temor o la rabia de la otra persona. Busque el momento de activar su curiosidad en lugar de dar luz verde a su adrenalina.

Para ilustrar lo que puede suceder cuando activamos nuestra curiosidad, volvamos a nuestra paciente inquieta.

RECEPCIONISTA: ¿Ha ido todo bien con la visita?

PACIENTE: Bueno.

RECEPCIONISTA: Parece que ha tenido algún problema. ¿Sucedió algo?

PACIENTE: Ya lo creo. Me ha dolido bastante. Y, además, el médico, ¿no cree que es un poco... como lo diría... un poco mayor?

En este caso, la paciente se muestra reticente a hablar. Quizá si comparte su opinión directamente insultará al médico, o quizá los miembros del personal, fieles a su superior, se sentirán ofendidos. Para abordar este problema, el recepcionista le hace saber a la paciente que puede hablar tranquilamente (tanto con su tono como con sus palabras), y ella se abre.

Conserve la curiosidad. Cuando las personas comienzan a compartir sus historias y sentimientos, corremos el riesgo de recurrir a nuestras propias Historias de Víctimas, Villanos y Desvalidos para ayudarnos a explicar por qué dicen lo que dicen. Por desgracia, puesto que rara vez resulta agradable escuchar las historias poco halagüeñas de otras personas, empezamos a atribuirles motivos negativos por contar esas historias. Por ejemplo:

> RECEPCIONISTA: ¡Vaya que resultó mal agradecida! ¡Este abnegado médico dedica toda su vida a ayudar a las personas y ahora sólo porque tiene unas cuantas canas ya quiere jubilarlo!

Para evitar reacciones exageradas a las historias de los otros, conserve la curiosidad. Propóngase un problema en que centrarse mentalmente. Pregúntese: «¿Por qué diría esto una persona razonable, racional y decente?» Esta pregunta le lleva a volver sobre los pasos del Camino a la Acción de la otra persona hasta que usted se percata de que todo encaja. Y, en la mayoría de los casos, acabaremos por comprender que, en esas circunstancias, el individuo en cuestión ha llegado a una conclusión relativamente razonable.

Sea paciente. Cuando otros manifiestan sus sentimientos y opiniones a través del silencio o la violencia, es muy probable que ya estén sintiendo los efectos de la adrenalina. Aun cuando hagamos lo posible por responder segura y eficazmente al ataque verbal de la otra persona, tenemos que saber que pasará un rato antes de que se calme. Imaginemos, por ejemplo, que un amigo le cuenta una historia desagradable y usted le escucha con respeto y sigue la conversación. Aunque los dos comparten una opinión similar, parece que su amigo sigue presionando demasiado. Si bien es natural desplazarse de una *idea* a la siguiente, las *emociones* intensas tardan un rato en apaciguarse. Una vez que se liberan los elementos químicos que desatan las emociones, permanecen durante un tiempo en el torrente sanguíneo y, en algunos casos, mucho después de que las ideas hayan cambiado.

De modo que sea paciente cuando explore cómo se sienten y piensan los demás. Estimúlelos para que compartan su camino y luego espere a que sus emociones vuelvan a corresponderse con el clima de seguridad que usted ha creado.

Estimule a otros a volver sobre su camino

Una vez que ha decidido conservar ese talante de curiosidad, ha llegado el momento de ayudar a la otra persona a volver sobre su Camino a la Acción. Por desgracia, la mayoría no lo llevamos a la práctica. Esto se debe a que cuando otros se entregan a maniobras de silencio o violencia, nosotros nos integramos en la conversación al *final* de su Camino a la Acción. Ellos han visto y oído cosas, se han contado una o dos historias, han generado un sentimiento (posiblemente una mezcla de temor, rabia y decepción), y ahora comienzan a actuar de acuerdo a su historia. Ahí es donde entramos nosotros, pues aunque estemos escuchando sus primeras palabras, en realidad nosotros estamos integrándonos en alguna parte cerca del final de su camino. En el modelo del Camino a la Acción, vemos la acción al final del camino, como muestra la Figura 8-1.

Figura 8-1. El Camino a la Acción

Cada frase tiene una historia. Para hacerse una idea de lo complicado y desconcertante que es este proceso, recuerde cómo se sintió la última vez que su serie de misterio preferida comenzó tarde debido a la prórroga de un partido de fútbol. Cuando termina el partido, la pantalla pasa de una sucesión de anuncios a la escena de un joven actor de pie junto a la víctima de un asesinato. En la parte inferior de la pantalla se lee un desagradable mensaje: «Reanudamos la programación habitual».

Su reacción es sacudir el control remoto de la televisión a distancia desesperadamente. ¡Se acaba de perder el comienzo! Durante el resto de la película, no deja de pensar en las posibles claves. ¿Qué sucedió antes de que usted empezara a ver la serie?

Las conversaciones cruciales pueden ser igualmente misteriosas y decepcionantes. Cuando otros se inclinan por el silencio o la violencia, es evidencia de que nosotros nos integramos en su Camino a la Acción *ya iniciado*. Por consiguiente, nos hemos perdido los fundamentos de la historia y estamos confundidos. Si no permanecemos alerta, puede que adoptemos una actitud a la defensiva. Al fin y al cabo, no sólo nos integramos demasiado tarde sino que, además, nos integramos cuando la otra persona comienza a tener una actitud ofensiva.

Rompa el ciclo. Y luego, ¿qué sucede? Cuando estamos del lado del receptor de los reclamos, acusaciones y comentarios desagradables de otra persona, rara vez pensamos: «Dios mío, qué historia más interesante se habrá contado. ¿Cuál será la causa?» Al contrario, respondemos con la misma conducta inadecuada. Nuestros ancestrales mecanismos de defensa genéticamente configurados entran en acción, y creamos nuestro propio, precipitado y desagradable Camino a la Acción.

Las personas que saben manejarse en el diálogo acaban con este ciclo peligroso tomando distancia con la interacción y dándole seguridad a la otra persona para que hable de su Camino a la Acción. Realizan esta hazaña estimulando a su interlocutor a que tome distancia con sus sentimientos irritantes y reacciones instintivas y busque las causas reales. Básicamente, vuelven juntos sobre el Camino a la Acción del otro. Respondiendo a su estímulo, la otra persona deja de lado sus emociones y repara en las conclusiones a que ha llegado, o en lo que ha observado.

Cuando ayudamos a otros a volver sobre sus pasos hasta sus orígenes, para expresar lo que vieron, no sólo permitimos dominar nuestra reacción, sino también encontrar el espacio donde los sentimientos pueden solucionarse: a la fuente, esto es, a los hechos y la historia que subyacen a la emoción.

Habilidades para preguntar

¿Cuándo? Hasta ahora hemos señalado que cuando otras personas tienen una historia que contar y hechos que compartir, es nuestra tarea estimularlos a ello. Nuestras referencias son sencillas: nuestro interlocutor se ha sumido en el silencio o en la violencia. Vemos que se siente molesto, temeroso o irritado. Entendemos que si no vamos a la *fuente* de sus sentimientos, acabaremos sufriendo las *consecuencias* que deriven de ellos. Estas reacciones externas son nuestros indicadores para hacer lo que sea necesario y ayudar a los otros a volver sobre su Camino a la Acción.

¿Cómo? También hemos señalado que cualquiera que sea nuestra iniciativa para invitar a la otra persona a abrirse y compartir su camino, debe ser sincera. Y, aunque suene difícil, debemos ser tolerantes ante la hostilidad, el temor o incluso el abuso, lo cual nos conduce a la siguiente pregunta.

¿Qué? ¿Qué se supone que tenemos que hacer? ¿Qué necesitamos para que otros compartan su camino, sus historias y sus hechos por igual? En una palabra, se requiere escuchar. Para que las personas dejen de representar sus sentimientos y hablen de sus conclusiones y observaciones, debemos escucharlos de una manera que les dé seguridad para compartir sus pensamientos más íntimos. Tienen que creer que cuando comparten sus pensamientos, no ofenderán a otros ni serán juzgados por hablar con franqueza.

Preguntar, reflejar, parafrasear u ofrecer hipótesis (PRPO)

Para estimular a otros a compartir sus caminos, utilizaremos cuatro poderosas herramientas de escucha que pueden dar seguridad a las personas para que hablen con franqueza. Decimos que se trata de cuatro herramientas poderosas porque las recordamos con el acrónimo PRPO (preguntar, reflejar, parafrasear y ofrecer hipótesis —estimular—). Afortunadamente, estas herramientas funcionan tanto en las situaciones de silencio como de violencia.

Preguntar para que las cosas se pongan en marcha

La manera más fácil y directa de estimular a otros a compartir su Camino a la Acción es sencillamente invitarlos a expresarse. Por ejemplo, a menudo lo único que se necesita para superar un punto muerto consiste en procurar entender las respectivas opiniones. Cuando demostramos un verdadero interés, las personas se sienten menos inclinadas a recurrir al silencio o la violencia. Por ejemplo:

—¿Te gusta mi vestido nuevo o piensas acusarme de desorden público? —dice Wendy, con una mueca.

—¿Qué quieres decir? —pregunta usted—. Me gustaría escuchar lo que piensas.

Si está dispuesto a dejar de generar conclusiones con sus significados y retroceder e invitar a la otra persona a conversar sobre sus puntos de vista, puede ser un gran logro hacia el objetivo de romper la espiral descendente y alcanzar la fuente del problema.

Entre las invitaciones más habituales, destacaremos:

«¿Qué pasa?»
«Realmente me gustaría conocer tu opinión sobre el tema.»
«Por favor, si lo ves de otra manera, dímelo.»
«No te preocupes si has herido mis sentimientos. Realmente quería saber qué piensas.»

Reflejar para confirmar sentimientos

Si pide a otros que compartan sus caminos y no consigue abrir la conversación, reflejar puede contribuir a crear más seguridad. Al reflejar, tomamos la parte del Camino a la Acción de la otra persona a la cual tenemos acceso y le damos seguridad para conversar de ello. Hasta ahora, lo único que tenemos son acciones y algunas ideas sobre las emociones de la otra persona, de modo que comenzamos por ahí.

Cuando reflejamos, como señala el término, interpretamos el papel de espejo describiendo el aspecto o la manera de actuar de los demás. Aunque puede que no entendamos las historias o los hechos de otras personas, podemos ver sus actos y reflejarlos.

Reflejar nunca es más útil que cuando el tono de voz o los gestos de la otra persona (señales que delatan las emociones que los subyacen) no son coherentes con sus palabras. Por ejemplo: «No te preocupes. Estoy bien». (Sin embargo, la persona en cuestión dice esto con una mirada que indica que, de hecho, está bastante enfadada. Frunce el ceño, mira a su alrededor, y da golpes en el suelo con el pie.

«¿Sí? Por como lo dices, no parece que sea verdad.»

Le explicamos que mientras dice una cosa, su tono de voz o su lenguaje gestual señalan otra. Al hacer esto, insistiendo en los actos observados, demostramos respeto y preocupación por nuestro interlocutor.

Pero cuidado con nuestras observaciones en el momento de reflejar: tenemos que controlar el tono de voz y la expresión oral. El elemento más importante del reflejo es nuestro tono de voz. Lo que crea seguridad no es el hecho de que estemos reconociendo las emociones del otro. Creamos seguridad cuando nuestro tono de voz dice que nos sentimos cómodos aunque ellos sientan lo que sienten. Si hacemos esto bien, quizá lleguen a la conclusión de que en lugar de representar sus emociones, pueden hablar con nosotros con toda confianza.

De modo que, a medida que describimos lo que vemos, tenemos que hacerlo con calma. Si parecemos enfadados o adoptamos una actitud de desagrado ante lo que los otros dicen, no creamos seguridad. Confirmamos sus sospechas de que deberían guardar silencio.

Algunos ejemplos de reflejo:

«Dices que te encuentras bien, pero por tu tono de voz, pareces enfadado.»
«Pareces molesto conmigo».
«Se diría que estás nervioso porque tienes que enfrentarte a él. ¿Estás seguro de que te sientes dispuesto a hacerlo?»

Parafrasear para reconocer la historia

Preguntar y reflejar pueden ayudarle a echar luz sobre una parte de la historia del otro. Cuando tiene la clave de por qué la otra persona se siente de tal o cual manera, puede crear una seguridad adicional parafraseando lo que ha oído. Cuídese de no limitarse a reproducir automáticamente sus palabras. En vez de eso, dígalo con las suyas propias, y mejor de forma abreviada.

«Veamos si lo entiendo bien. Estás enfadada porque he dicho que me preocupa cómo vistes. Y eso a ti te parece que es una actitud controladora o que estoy pasada de moda.»

La clave al parafrasear al igual que con el Reflejo, consiste en guardar la calma y la compostura. Nuestro objetivo es crear seguridad, no reaccionar horrorizados ni sugerir que la conversación está a punto de cobrar un giro desagradable. Manténgase centrado en entender cómo una persona razonable, racional y decente puede haber creado este Camino a la Acción. Esto le ayudará a no irritarse ni a adoptar una actitud a la defensiva. Simplemente replantee lo que la persona ha dicho y hágalo de manera que señale que no hay problemas, que usted intenta entender y que su interlocutor se puede sentir seguro para hablar sinceramente.

No presione demasiado. Veamos dónde estamos situados. Solemos darnos cuenta cuándo una persona tiene más que compartir de lo que realmente comparte. Vemos que se sume en el silencio o en la violencia y queremos saber por qué. Queremos volver a la fuente (los hechos) donde podemos solucionar el problema. Para estimularla a compartir, hemos trabajado con tres instrumentos de escucha. Hemos preguntado, reflejado y parafraseado. La persona sigue enfadada, pero no explica sus historias ni sus hechos.

Y ahora, ¿qué? Llegados a este punto, es recomendable tomar distancia. Al cabo de un rato, nuestros intentos de crear seguridad para otros pueden dar la impresión de que molestamos o somos impertinentes. Si presionamos demasiado, violamos a la vez nuestro objetivo y el principio de respeto. Puede que otros piensen que nuestro objetivo consiste sólo en obtener de ellos lo que nosotros queremos y llegar a la conclusión de que no nos importan. Y, al contrario, tomamos distancia. En lugar de buscar la fuente de las emociones de nuestro interlocutor, optamos por una salida elegante o le preguntamos qué le gustaría que sucediera. Preguntarle a las personas lo que desean les ayuda a activar su pensamiento para acercarse a la solución de los problemas y alejarse de la reacción de atacar o evitar.

También contribuye a revelar lo que, en su opinión, es la causa del problema.

Ofrecer hipótesis cuando no hemos conseguido nada

Por otro lado, hay momentos en que puede que llegue a la conclusión de que otros quisieran abrirse pero siguen sin sentirse seguros. O quizás aún estén sumidos en la violencia y no hayan agotado la adrenalina, razón por la cual no explican por qué están enfadados. Cuando esto sucede, sería recomendable estimularlos. Recurra a esta técnica cuando crea que la otra persona aún tiene algo que compartir y podría hacerlo con un ligero empujón por parte suya.

El término *ofrecer hipótesis* hace analogía a la acción de purgar una bomba de agua. Si alguna vez ha trabajado con una vieja bomba manual, entenderá la metáfora. A menudo es necesario llenar la bomba con un poco de agua para que comience a funcionar, y a eso se le llama purgar. Entonces no hay problemas. Cuando se trata de potenciar la escucha, a veces tiene que ofrecer algo que se acerque a lo que la otra persona piensa o siente antes de que pueda esperar que lo haga por sí misma. Hay que aportar significados al fondo antes de que la otra persona responda de la misma manera.

Hace unos años, uno de los autores de este libro trabajaba con un equipo de ejecutivos que habían decidido añadir un turno de tarde a una de las secciones de la empresa. El equipamiento no estaba siendo plenamente utilizado y la empresa no podía darse el lujo de mantener la sección abierta sin un turno de las tres de la tarde hasta la medianoche. Esto, desde luego, significaba que las personas que entonces trabajaban de día tendrían que rotar en sus turnos cada dos semanas para trabajar por las tardes. Era una opción difícil pero necesaria.

Cuando los ejecutivos convocaron una reunión para anunciar la impopular medida, el personal guardó silencio. Era evidente que no estaban contentos, pero nadie decía nada. El jefe de operaciones temía que el personal interpretara la iniciativa de la empresa sólo como una maniobra para ganar más dinero. En realidad, la sección estaba teniendo pérdida, y se había tomado la decisión pensando en los actuales empleados. Sin un segundo turno, se perderían todos los empleos. También sabían que pedirle al personal que cambiara de turno y no pudieran ver a los suyos durante la tarde y la noche causaría graves problemas.

Mientras el personal guardaba un silencio hosco, el ejecutivo hizo todo lo posible por hacerles hablar de modo que no se fueran con sentimientos no resueltos. Utilizó la técnica de Reflejar: «Ya veo que están molestos... ¿Quién no lo estaría? ¿Hay algo que podamos hacer nosotros?» Silencio. Finalmente, utilizó la técnica de ofrecer hipótesis. Es decir, imaginó lo que pensarían, lo dijo de una manera que demostraba que no había problemas en hablar de ello y luego siguió: «¿Acaso creen que la única razón por la que hacemos esto es para ganar dinero? ¿Que quizá no nos preocupan sus vidas personales?»

Después de una breve pausa, alguien contestó: «Bueno, la verdad es que justo eso es lo que parece. ¿Tienen alguna idea de los problemas que esto va a causar?» En ese momento, otra persona intervino para dar su opinión y el debate despegó.

Ahora bien, éste es el tipo de estrategia que se utiliza sólo en caso de que lo demás no dé resultados. Su intención es realmente escuchar a los demás, y tiene una idea muy ajustada de lo que probablemente piensan. Ofrecer hipótesis es un acto de buena fe, e implica correr riesgos, asumir la vulnerabilidad y crear seguridad con la esperanza de que otros compartirán sus significados.

¿Y qué pasa si se equivocan?

A veces parece peligroso invitar a compartir sinceramente las opiniones de alguien cuyo camino es francamente diferente del nuestro. Podría estar completamente equivocado, y nosotros seguimos actuando con toda calma y compostura. Esto nos pone nerviosos.

Para que no nos sintamos nerviosos mientras invitamos a los demás a compartir sus caminos (sin importar lo diferentes o equivocados que parezcan), recuerde que intentamos entender su punto de vista, y no necesariamente estar de acuerdo con él o apoyarlo. Entender no es lo mismo que estar de acuerdo con. Delicadeza no es igual a consentimiento. Al tomar medidas para comprender el Camino a la Acción de otra persona, prometemos que aceptaremos su punto de vista. Tendremos mucho tiempo, más tarde, para compartir también nuestro camino. Por ahora, sólo intentamos entender lo que otros piensan para comprender por qué se sienten como se sienten y hacen lo que hacen.

EXPLORANDO EL CAMINO DE WENDY

Reunamos las diferentes habilidades en una sola interacción. Volvamos a Wendy. Acaba de regresar a casa después de salir con aquel tipo que a usted tanto le inquieta. Usted abre la puerta de golpe, tira de Wendy hacia dentro y cierra con doble llave. Luego entablan una conversación, o algo que se le asemeja.

> WENDY: ¡¿Cómo puedes ponerme en ridículo de esta manera!? ¡Ahora que finalmente he conseguido gustarle a un chico, nunca volverá a hablarme! ¡Te odio!
>
> USTED: Eso no es un chico. Es un futuro presidiario. Tú vales más que eso. ¿Por qué pierdes el tiempo con él?
>
> WENDY: Estás arruinando mi vida. ¡Déjame en paz!

Después de que la puerta de la habitación de Wendy se cierre de golpe, usted se deja caer en una silla del salón. Sus emociones se han desbocado. Siente terror cuando piensa en lo que podría ocurrirle a Wendy si continúa viendo a ese tipo. Se siente herida porque ha dicho que la odia. Siente que su relación con ella se está descontrolando.

Y entonces se pregunta: «¿Qué deseo realmente?» Mientras piensa en esta pregunta, sus motivos cambian. Los objetivos de controlar a Wendy y defender su orgullo pasan del principio al final de la lista. El objetivo que ahora aparece en primer plano tiene un aspecto más prometedor: «Quiero entender lo que siente. Quiero una buena relación con Wendy. Y quiero que tome decisiones que la hagan feliz».

No está segura de que esta noche sea el mejor o peor momento para hablar, pero sabe que el diálogo es el único camino. De modo que lo intenta.

> USTED: (*Llamando a la puerta*) ¿Wendy? ¿Puedo hablar contigo, por favor?

WENDY: Como quieras.

(USTED entra en su habitación y se sienta en su cama.)

USTED: Siento mucho si te he hecho pasar vergüenza. No era la manera más adecuada de tratar el tema. *[Pide disculpas para crear seguridad]*

WENDY: Es que lo haces a cada momento. Es como si quisieras controlar toda mi vida.

USTED: ¿Podemos hablar de eso? *[Pregunta]*

WENDY: *(Aún enfadada.)* ¡Qué maravilla! Tú eres la madre, ¿no es cierto?

USTED: Por cómo lo dices, parece que no es ninguna maravilla. *[Refleja]* Realmente me gustaría escuchar qué te hace pensar que intento controlar tu vida. *[Pregunta]*

WENDY: ¿Para qué? ¿Para que me puedas decir de qué otras maneras lo hago mal? Finalmente tengo un amigo que me acepta, ¡y tú intentas ahuyentarlo!

USTED: ¿De modo que piensas que no apruebo lo que haces y que tu amigo es la única persona que sí lo aprueba? *[Paráfrasis]*

WENDY: No eres sólo tú. Todas mis amigas andan con muchos chicos y les gustan. Doug es el único que se ha dignado a llamarme. No lo sé... No importa.

USTED: Entiendo que te sientas mal cuando a otras chicas les hacen caso los chicos y a ti no. Yo probablemente me sentiría igual. *[Parafrasea]*

WENDY: Entonces, ¿por qué me dejas en ridículo de esa manera?

USTED: Cariño, quisiera comentarte algo. Me pregunto si en parte la razón por la cual has comenzado a vestirte diferente y a salir con amigos diferentes es porque piensas que los chicos, tus padres y, en este momento, otras personas no te quieren ni te valoran. ¿Tiene algo que ver eso? *[Ofrecer hipótesis]*

WENDY: *(Guarda silencio un rato largo)* ¿Por qué soy tan fea? La verdad es que me preocupo mucho de mi aspecto, pero...

A partir de ese momento, la conversación aborda los verdaderos temas, madre e hija hablan de lo que realmente sucede, y ambas consiguen entenderse mejor.

RECUERDE SU ABC

Digamos que hizo todo lo posible para dar seguridad a la otra persona y que hablara. Después de preguntar, reflejar, parafrasear, y finalmente ofrecer hipótesis, la otra persona se abrió y compartió su camino. Ahora le toca hablar a usted. ¿Y qué pasa si no está de acuerdo? La otra persona se equivoca en algunos hechos, y sus historias están completamente deformadas. Al menos son muy diferentes de la historia que usted ha contado. Y ahora, ¿qué?

Afianzas el acuerdo

Cuando observa a las familias y a los grupos de trabajo participar en acalorados debates, es habitual constatar un fenómeno bastante intrigante. A pesar de que las diversas partes que en ese momento observa discuten violentamente, en realidad se encuentran en *violento acuerdo*. De hecho, están de acuerdo en todos los puntos importantes, pero siguen discutiendo. Han encontrado una manera de convertir las diferencias sutiles en una reñida discusión.

Por ejemplo, anoche Jaime, su hijo adolescente, no respetó su hora de llegada. Usted y su cónyuge se han pasado la mañana discutiendo acerca del castigo. La última vez que Jaime llegó tarde, ustedes decidieron dejarlo sin salir, pero hoy están enfadados porque parece que su cónyuge ha sugerido que Jaime podría asistir a un campamento deportivo esta semana. Resulta que era sólo un malentendido. Usted y su cónyuge están de *acuerdo* en la sanción, el tema central. Usted pensaba que su cónyuge se desdecía del acuerdo cuando, en realidad, no habían definido la fecha en que comenzaría la sanción. Tuvo que dar un paso atrás y escuchar lo que ambos decían para entender que realmente no estaban en desacuerdo sino en violento acuerdo.

La mayoría de las discusiones se producen por riñas en torno a ese entre cinco y diez por ciento de los hechos e historias sobre los que las personas discrepan. Y si bien es verdad que, a la larga, hay que superar las diferencias, no se debería empezar por ahí. Comience por un terreno de común acuerdo.

Si está completamente de acuerdo con el camino de la otra persona, dígalo y reanude el diálogo. Muestre su acuerdo cuando así suceda. No convierta un acuerdo en una discusión.

Buscar elementos constructivos

Desde luego, la razón por la cual la mayoría de nosotros convertimos los acuerdos en discusiones es porque no coincidimos con una cierta parte de lo que la otra persona dice. No importa que sea una parte menor. Si es un punto de desacuerdo, tenemos que perseguirlo como si fuera un criminal que se da a la fuga.

En realidad, algunos aprendemos a detectar los pequeños errores desde temprana edad. Por ejemplo, en el jardín de niños uno llegó a la conclusión de que, aunque tener la respuesta correcta está bien, ser el primero en darla es aún mejor. Y por supuesto, ser el primero en darla después de que los demás se han equivocado, ¡otorga una gloria aun mayor! Con el tiempo, descubrimos que encontrar incluso los errores más insignificantes en los hechos, las ideas o la lógica de los demás refuerza nuestro supremo lugar en la atención de la profesora y la admiración de los iguales. Así que señalamos sus errores. Tener razón a expensas de los demás se convierte en un deporte de habilidad.

Al acabar la etapa escolar, ya somos prácticamente especialistas en la práctica de detectar las pequeñas diferencias y convertirlas en un asunto de enorme importancia. De modo que cuando otra persona formula una sugerencia (basándose en hechos y en historias) nosotros buscamos un resquicio para manifestar nuestro desacuerdo. Y cuando encontramos una diferencia menor, hacemos una montaña de un grano de arena. En lugar de continuar con un diálogo sano, acabamos en un acuerdo violento.

Por otro lado, cuando observamos a personas que se manejan con habilidad en el diálogo, queda claro que ellos no se entregan a este juego trivial, buscando pequeñas diferencias y luego proclamándolas en voz alta. En realidad, buscan puntos de acuerdo. El resultado es que suelen comenzar con las palabras «Estoy de acuerdo».

Después, hablan de la parte con la que están de acuerdo. Al menos, es ahí donde comienzan.

Y cuando la otra persona no hace más que *omitir un elemento* de su argumento, las personas que se manejan con habilidad mostrarán su acuerdo y luego construirán. En lugar de decir: «Te equivocas. Has olvidado mencionar...», dicen: «Tienes toda la razón. Además, he observado que...»

Si usted está de acuerdo con lo que se ha dicho, pero la información es incompleta, construya. Señale el terreno de coincidencia y luego agregue los elementos que han quedado fuera de la conversación.

Comparar

Finalmente, si no está de acuerdo, compare su camino con el de la otra persona. Es decir, en lugar de señalar que el otro se ha equivocado, señale que usted piensa diferente. Puede que, de hecho, la otra persona esté equivocada, pero usted no puede estar seguro hasta escuchar ambas versiones de la historia. Por ahora, sólo sabe que los dos piensan diferente. Por lo tanto, en lugar de decir: «¡Te equivocas!», empiece con una frase prudente pero sincera como: «Pienso que veo las cosas de manera diferente. Te diré cómo».

A continuación, comparta su camino utilizando las habilidades ANIME del capítulo 7. Es decir, comience por compartir sus observaciones. Descríbalas de manera prudente e invite a otros a analizar sus ideas. Después de que haya compartido su camino, invite a la otra persona a ayudarle a compararlo con su propia experiencia. Trabajen juntos para analizar y explicar las diferencias.

En resumen, para ayudarse a recordar estas habilidades, piense en su ABC. *Afiance el Acuerdo* cuando esté de acuerdo. *Busque elementos constructivos* cuando otros omitan elementos clave. *Compare* cuando piense diferente. No convierta las diferencias en discusiones que conduzcan a relaciones nocivas y a malos resultados.

Mi conversación crucial: Damián K.

Hace algunas semanas, un amigo por el que siento un gran respeto me habló de Conversaciones Cruciales. El concepto de «conversaciones cruciales» despertó mi interés debido a los complicados problemas de gestión que tengo que solventar, todos los cuales conllevan conversaciones potencialmente intrincadas para la toma de importantes decisiones. Sea como fuere, la idea me intrigó lo suficiente para que fuera directamente a la librería y comprara el libro. En cuanto empecé a leerlo, ya no pude dejarlo. Lo leí como si fuera una novela, de un tirón durante una noche y la mañana siguiente, porque cada página parecía brindarme la ayuda necesaria para resolver la embarazosa situación en la que me encontraba.

Verán, coincidiendo con el descubrimiento del libro, me encontraba en la fase final de una trascendente negociación con un importante socio. El objetivo era la creación conjunta de una empresa derivada de capital riesgo para que siguiera desarrollando nuestra tecnología en Europa. En los dos últimos meses, cuando ya estábamos cerca de cerrar un acuerdo, las conversaciones empezaron a deteriorarse, con acaloradas conversaciones telefónicas y desconfianza por ambas partes. Yo estaba desorientado sobre la manera de dialogar satisfactoriamente con nuestros potenciales socios. Dos semanas antes recibimos un pliego de condiciones, así que teníamos que llegar a un acuerdo o seguir caminos distintos. En este último caso, ambas partes sabíamos que la cosa acabaría mal. Así que, desesperado, la semana pasada me reuní con mis interlocutores en la negociación en el aeropuerto Kennedy, para tratar de superar el punto muerto en el que nos encontrábamos y llegar a un acuerdo.

A fin de prepararme para la reunión del aeropuerto, volví a leer el libro y fue como si se me encendiera una luz. Fui a las negociaciones en el aeropuerto con un nuevo planteamiento de la comunicación. Literalmente, redacté un guión con mis argumentos y me hice un resumen con el flujo de mi diálogo. Seguí el proceso básico del libro, y me funcionó a las mil maravillas. Hubo muchos momentos en los que el diálogo empezó a deteriorarse, pero en todas las ocasiones fui capaz de restablecerlo y avanzar en la discusión. Una de las grandes cosas que tuve que hacer fue contener mi impulso de pelear defendiendo mis puntos de vista, y en su lugar restablecí la seguridad limitándome a analizar la perspectiva de la otra parte. Después de seis horas de reunión, salimos con el borrador de un acuerdo muy bueno para ambas partes.

El acuerdo se ha formalizado a lo largo de los dos últimos días. Negociar por teléfono los detalles de los documentos definitivos, con la presión de la premura de tiempo y desde dos continentes diferentes, fue todo un reto lleno de dificultades inesperadas. De hecho, ayer mismo, en el momento de máxima tensión, pareció que todo el acuerdo estaba a punto de desbaratarse. Tuve que pegarme al teléfono cuatro horas para restablecer el diálogo entre las partes, de manera que pudiéramos concretar los últimos detalles del contrato. Anoche nos quedaba por resolver sólo *una* palabra en el documento de diecisiete páginas.

Yo me mantuve en mi postura, y ellos intentaron intimidarme. Tuve que retroceder —una vez más—, analizar sus puntos de vista, y restablecer la seguridad encontrando el Objetivo Común. Encajamos la última pieza —con mucha facilidad— en una llamada telefónica a las cinco de la madrugada en la que utilicé el proceso de comunicación para lograr un entendimiento mutuo entre las partes.

Realmente no creo que hubiéramos alcanzando el acuerdo si un buen amigo no me hubiera recomendado este planteamiento tan eficaz de la comunicación.

DAMIÁN K.

RESUMEN — EXPLORAR EL CAMINO DE LOS DEMÁS

Para estimular el libre flujo de significados y ayudar a otros a renunciar al silencio o la violencia, sondee sus Caminos a la Acción. Comience con una actitud de curiosidad y paciencia. Esto ayuda a restablecer la seguridad.

Después, utilice cuatro potentes habilidades de escucha para volver sobre el Camino a la Acción de la otra persona hasta sus orígenes.

- *Preguntar*. Comience simplemente por manifestar interés por las opiniones de la otra persona.

- *Reflejar*. Aumente la seguridad reconociendo respetuosamente las emociones que muestran las personas.

- *Parafrasear*. Cuando otros comiencen a compartir parte de su historia, replantee lo que ha escuchado para demostrar no sólo que lo entiende, sino también para dar seguridad a los demás y así animarles a compartir sus ideas.

- *Ofrecer hipótesis.* Si otros continúan enfrascados, recurra a sugerir una suposición. Intuya razonablemente lo que los demás piensan y sienten.

Cuando comparta sus opiniones, recuerde:

- *Afiance su acuerdo.* Admita que comparten criterios.

- *Busque elementos constructivos.* Si otros dejan algo de lado, manifieste su acuerdo y luego construya.

- *Compare.* Cuando piense de manera significativamente diferente, no señale que otros están equivocados. Compare las dos opiniones.

9

No hacer nada está al alcance de cualquiera.

SAMUEL JOHNSON

El paso a la acción

Cómo convertir las conversaciones cruciales en acción y en resultados concretos

Hasta ahora, hemos señalado que contribuir con significados al fondo contribuye al diálogo. Es una de las cosas que ayuda a las personas a tomar decisiones inteligentes, que, a su vez, generan iniciativas inteligentes, uniformes y comprometidas. Para estimular este libre flujo de significados, hemos compartido las habilidades que hemos aprendido observando a personas dotadas para el diálogo. A estas alturas, si ha seguido algunos o todos los consejos, lleva usted consigo una base sólida. Las personas que se relacionan con usted ya deben poder percibirlo.

Ha llegado el momento de añadir dos habilidades finales. Tener más significados en el fondo, incluso siendo copropietarios de ellos, no garantiza que todos estemos de acuerdo con lo que vamos a hacer con los significados. Por ejemplo, cuando los equipos o las familias se reúnen y generan múltiples ideas, a menudo son incapaces de convertir las ideas en acciones por dos razones:

- Tienen ideas poco claras acerca de cómo se tomarán las decisiones.

- Son deficientes para realizar las acciones necesarias a partir de.

Esto puede ser peligroso. De hecho, cuando las personas dejan de añadir significados al fondo para pasar a la acción, es el momento en que surgen nuevos desafíos. ¿Quién se encargará de esa tarea? Esto puede ser polémico. ¿Cómo se supone que lo vamos a decidir? Esto puede despertar emociones. Analicemos qué necesitamos para solucionar cada uno de estos problemas. En primer lugar, tomar decisiones.

EL DIÁLOGO NO ES LA TOMA DE DECISIONES

Los dos momentos más delicados de las conversaciones cruciales suelen darse al comienzo y al final. El comienzo es peligroso porque tenemos que encontrar una manera de crear seguridad o las cosas saldrán mal. El final es delicado porque si no tenemos cuidado de cómo clarificar las conclusiones y decisiones que fluyen de nuestro fondo de significados compartidos, es posible que más tarde veamos nuestras expectativas frustradas. Esto puede suceder de dos maneras.

¿Cómo se tomarán las decisiones? Para empezar, puede que las personas no entiendan cómo se tomarán las decisiones. Por ejemplo, Karina está disgustada pues su esposo, René acaba de mostrarle un folleto de un crucero de tres días y ha anunciado que ha hecho las reservas y que incluso ha pagado los quinientos dólares por adelantado para una *suite* exterior.

Hace unas semanas tuvieron una conversación crucial acerca de los planes de vacaciones. Los dos manifestaron sus opiniones y preferencias con respeto y sinceridad. No fue fácil, pero acabaron llegando a la conclusión de que un crucero les parecía bien a los dos. Y, sin embargo, Karina está disgustada y René no entiende por qué su mujer no está fascinada con la idea.

Karina se mostró de acuerdo en *principio* con la idea de un crucero. No estaba de acuerdo con este crucero en concreto. René pensó que cualquier opción estaría bien y tomó su propia decisión. Que te diviertas en el crucero, René.

¿Alguna vez decidiremos nosotros? El segundo problema con la toma de decisiones se produce cuando nadie se encarga de tomarlas. Las ideas se esfuman o se desdibujan, o las personas no saben qué hacer con ellas. O quizá todos esperan que sea el otro quien tome la decisión. «Oye, hemos llenado el fondo. A ver qué haces ahora con ello.» En cualquiera de los dos casos, las decisiones se arrastran interminablemente.

DECIDIR CÓMO TOMAR DECISIONES

Estos dos problemas podrían solucionarse si, antes de tomar una decisión, las personas involucradas decidieran cómo decidir. No hay que dejar que nadie piense que el diálogo es lo mismo que la toma de decisiones. El diálogo es un proceso para reunir todos los significados relevantes en un fondo compartido. Ese proceso, desde luego, involucra a todos. Sin embargo, el hecho de que se les permita a todos compartir sus significados y, de hecho, se les estimule para hacerlo, no significa que quede garantizado que participarán en la toma de todas las decisiones. Para evitar expectativas frustradas, es necesario separar el diálogo de la toma de decisiones. Hay que aclarar cómo se tomarán las decisiones, quién participará y por qué.

Cuando la línea de autoridad está clara. Cuando usted ocupa una posición de autoridad, puede decidir cuál es el método de toma de decisiones que empleará. Los administradores y los padres, por ejemplo, deciden cómo decidir. Es parte de su responsabilidad como líderes. Por ejemplo, los vicepresidentes no les piden a los empleados que decidan sobre los cambios de los precios o las líneas de producción. Ésa es la función del ejecutivo. Los padres no les piden a los niños que escojan la modalidad de seguridad de la casa ni que decidan solos sus horas de llegada. Ésa es la función de los padres. Desde luego, tanto los padres como los administradores delegan progresivamente, en lugar más decisiones en sus hijos y subordinados cuando éstos asumen la responsabilidad, pero siguen siendo la figura de autoridad que decide qué métodos de toma de decisiones emplear. Decidir qué decisiones delegar y cuándo hacerlo forma parte de su liderazgo.

Cuando la línea de autoridad no está clara. Cuando no hay una línea de autoridad clara, decidir cómo decidir puede ser bastante difícil. Por ejemplo, imaginemos una conversación como la que hemos descrito anteriormente, una conversación con la maestra de su hija. ¿Debería dejar que su hija repita curso? Y, en cualquier caso, ¿a quién corresponde esta decisión? ¿Quién decide a quién le corresponde? ¿Acaso todos tienen algo que decir y, por tanto, debe ser mediante votación? ¿Acaso compete a la dirección de la escuela, y entonces deciden ellos? Puesto que los padres tienen una responsabilidad esencial, ¿deberían consultar con los expertos adecuados y luego decidir? ¿Existe acaso una respuesta definida para esta difícil pregunta?

Un caso como éste es una ocasión propicia para el diálogo. Todos los participantes tienen que aportar sus significados al fondo, incluyendo sus opiniones acerca de quién debería adoptar la decisión final. Eso es parte de lo que hay que abordar. Si no hablan abiertamente acerca de quién decide y por qué, teniendo opiniones ampliamente divergentes, es probable que se acabe en una batalla acalorada que sólo se puede resolver ante los tribunales. Si no se manejan adecuadamente, los tribunales son precisamente el lugar donde este tipo de problemas acaban resolviéndose: *La familia Jones contra el distrito escolar de HappyValley.*

¿Qué debemos hacer? Hablar abiertamente de las habilidades e intereses de nuestros hijos y también acerca de cómo se debe tomar la decisión final. No hay que mencionar a los abogados ni las demandas judiciales en los primeros comentarios. Esto sólo disminuye la seguridad y crea un clima adverso. El objetivo consiste en tener una conversación abierta, sincera y sana sobre un niño, no en ejercer su influencia, formular amenazas ni de alguna manera vencer a los educadores. Recuerde las opiniones de los especialistas disponibles, y hable de cómo y por qué deberían participar. Cuando la autoridad responsable de la toma de decisiones no es clara, utilice sus mejores habilidades de diálogo para aportar significados al fondo. Decidan conjuntamente cómo decidir.

Los cuatro métodos para la toma de decisiones

Cuando tenga que decidir cómo decidir, conviene tener a su disposición una manera de hablar acerca de las opciones de toma de decisiones. Hay cuatro maneras habituales de tomar decisiones: por jerarquía, por consulta, por voto y por consenso. Estas cuatro opciones representan grados crecientes de participación. Una mayor participación, desde luego, trae consigo el beneficio de un mayor compromiso, además de la maldición de una menor eficacia en la toma de decisiones. Las personas inteligentes eligen entre estos cuatro métodos de toma de decisiones el que mejor se adecua a sus circunstancias particulares.

La jerarquía

Empecemos por las decisiones que se toman sin ningún tipo de participación. Esto sucede de una de estas dos maneras: o hay fuerzas externas que nos imponen demandas (demandas que no nos dejan posibilidad de maniobrar) o delegamos la toma de decisiones en otros y luego seguimos su dictado. El asunto no nos preocupa lo suficiente para participar y dejamos a otros ocuparse de ello.

En el caso de las fuerzas externas, los consumidores fijan los precios, las instituciones legislan sobre normas de seguridad, y otros organismos gobernantes simplemente nos plantean demandas. Aunque a los empleados les agrade pensar que sus jefes no hacen más que estar sentados y tomar decisiones, normalmente se limitan a respetar y seguir las demandas que imponen las circunstancias. Se trata de decisiones jerárquicas. Con las decisiones jerárquicas, no nos corresponde a nosotros decidir qué hacer. Nuestra tarea consiste en definir cómo llevarlo a la práctica.

En el caso de delegar las decisiones en otras personas, decidimos que o bien se trata de un tema donde los factores en juego no son importantes y no nos preocupan lo suficiente para participar en ello, o bien confiamos absolutamente en la capacidad de la persona delegada para adoptar la decisión correcta. Una mayor participación no aporta nada. En grupos muy unidos y con una buena relación, se toman muchas decisiones delegando la toma de éstas en alguien en quien confiamos que adoptará una buena decisión. No queremos dedicarle tiempo y delegamos de buena gana la decisión en otros.

La consulta

La consulta es un proceso por el que los responsables de la toma de decisiones invitan a otros a influir en ellos antes de que adopten su decisión. Podemos consultar con especialistas, con una población representativa o con cualquiera que desee dar su opinión. La consulta puede ser una manera muy eficaz de ganar ideas y apoyo sin estancar el proceso de toma de decisiones. Al menos no demasiado. Los dirigentes, los padres o incluso las parejas inteligentes suelen tomar las decisiones de esta manera. Contrastan sus ideas, evalúan las opciones, toman una decisión, y luego informan al colectivo más amplio.

La votación

La votación es el mejor instrumento para aquellas situaciones en que la eficacia tiene un valor primordial y tenemos que elegir entre diversas buenas opciones. Los miembros del equipo entienden que puede que no consigan su opción, pero en realidad no quieren malgastar el tiempo hablando del tema interminablemente. Quizás expongan las opciones durante un rato y luego pidan una votación. Ante varias opciones razonables, votar ahorra mucho tiempo, pero nunca debería ser utilizado cuando los miembros del equipo no se comprometen a apoyar la decisión que se tome, sea cual sea. En ese caso, se requiere un consenso.

El consenso

Este método puede ser una gran bendición así como una maldición fastidiosa. El consenso significa que negociamos hasta que todos acuerdan sin reservas una decisión. Este método puede producir una gran unidad y decisiones de gran calidad. Si no se aplica bien, también puede ser una horrible pérdida de tiempo. Sólo se debería recurrir a él cuando 1) se trate de temas complejos y haya importantes factores en juego o 2) se trate de temas donde sea imprescindible que todos apoyen la decisión final.

CÓMO ELEGIR

Ahora que conocemos los cuatro métodos, analicemos qué método hay que emplear en cada momento, junto con algunos consejos sobre cómo evitar errores habituales.

Cuatro preguntas importantes

Cuando tengamos que escoger entre los cuatro métodos de toma de decisiones, es necesario considerar las siguientes preguntas.

1. *¿A quién le importa?* Defina quién quiere realmente participar en la decisión y quiénes se verán afectados. Éstos son sus postulantes a la participación. No comprometa a personas que se muestren indiferentes.
2. *¿Quién sabe?* Identifique a aquellos que tienen los conocimientos que necesita para tomar la mejor decisión. Estimule la par-

ticipación de estas personas. Intente no comprometer a personas que no contribuyen con nueva información.

3. *¿Quién debe estar de acuerdo?* Piense en aquellos cuya colaboración quizá necesite como autoridad o influencia en cualquier decisión que tome. Es preferible comprometer a estas personas, que sorprenderlas, y luego sufrir su abierta resistencia.

4. *¿Cuántas personas vale la pena comprometer?* Su objetivo debería ser comprometer el menor número de personas sin dejar de pensar en la calidad de la decisión ni en el apoyo que las personas le prestarán. Pregúntese: «¿Somos bastantes para poder tomar una buena decisión? ¿Habría que contar con otros para ganarse su compromiso?»

¿Y qué hay de usted? He aquí una sugerencia para un gran ejercicio destinado a equipos o parejas, especialmente aquellos que se sienten frustrados con la toma de decisiones. Elabore una lista de algunas decisiones importantes tomadas en equipo o en el marco de la relación. A continuación, aborde el tema de cómo se toman las decisiones actualmente, y cómo se deberían tomar, utilizando las cuatro preguntas importantes. Después de hablar de cada decisión, defina cómo las adoptará en el futuro. Una conversación crucial acerca de las prácticas de toma de decisiones puede resolver muchos problemas difíciles.

ADJUDICAR TAREAS: CONVERTIR LAS DECISIONES EN ACCIÓN

Echemos un vistazo al último paso. Ha entablado un diálogo sano, ha aportado al fondo de significados compartidos, ha decidido cómo utilizará ese fondo y, finalmente, ha llegado a tomar algunas decisiones. Ha llegado la hora de hacer algo. Quizá ciertos problemas se han resuelto del todo durante la discusión, pero muchos otros quizá requieran de una persona o de un equipo que haga algo. Tendrá que asignar tareas.

Como podrá sospechar, cuando trabaja con dos o más personas, existe la posibilidad de que se produzca cierta confusión. Para evitar las trampas habituales, asegúrese de pensar en los siguientes cuatro elementos:

- ¿Quién?
- ¿Quién hace qué?
- ¿Cuándo?
- ¿Cómo se realizará el seguimiento?

¿Quién?

Como dice un proverbio inglés: «Los asuntos de todos no son asunto de nadie». Si no se asigna una determinada tarea a una persona en concreto, existen muchas posibilidades de que el trabajo que se ha invertido en tomar una decisión acabe en nada.

Cuando hay que asignar tareas, recuerde, no hay un «nosotros». Cuando se trata de asignar tareas «nosotros», de hecho, significa «yo no». Ése es el código. Incluso cuando los individuos no intentan sacarse de encima una tarea, el término «nosotros» puede hacerles creer que son otros los responsables.

Asigne un nombre a cada responsabilidad. Esto se aplica especialmente en casa. Si pretende repartir las tareas de la casa, asegúrese de que hay una persona concreta para cada tarea. Es decir, si nombra a dos o tres personas para asumir una tarea, nombre a una de ellas responsable. De otra manera, más tarde se perderá cualquier sentido de la responsabilidad en un mar de acusaciones mutuas.

¿Quién hace qué?

Asegúrese de concretar con exactitud los resultados que tiene en mente. Mientras más nebulosas sean las expectativas, mayor será la probabilidad de decepción. Por ejemplo, en una ocasión el excéntrico empresario Howard Hughes encargó a un equipo de ingenieros el diseño y construcción del primer coche del mundo propulsado por vapor. Al compartir con ellos su sueño de un vehículo que funcionase con este fluido gaseoso, prácticamente no les dio ninguna directriz.

Después de varios años de intenso trabajo, los ingenieros consiguieron producir el primer prototipo instalando docenas de tuberías en la carrocería del coche, con lo cual solucionaban el problema de dónde almacenar el agua necesaria para propulsar un coche a vapor. El vehículo era, básicamente, un gigantesco radiador.

Cuando Hughes preguntó a los ingenieros qué sucedería si el coche se estrellaba, ellos explicaron, nerviosos, que los pasajeros perecerían hervidos, a la manera de las langostas en una olla. Hughes se enfureció tanto con la solución de su equipo que ordenó cortar todo el coche en trozos no mayores de siete centímetros. Aquello fue el fin del proyecto.

Aprendamos de Hughes. Cuando nos ponemos de acuerdo en una tarea, definamos con claridad los detalles exactos de lo que deseamos. Las parejas tienen problemas en este plano cuando una de las partes no quiere tomarse el tiempo para pensar atentamente en los «resultados esperados» y más tarde se enfadan porque sus deseos no expresados no han sido satisfechos. ¿Alguna vez ha redecorado una habitación con su pareja? Entonces ya sabe de qué hablamos. Es preferible dedicar un tiempo a aclarar exactamente lo que queremos en lugar de despilfarrar recursos y herir sentimientos ajenos.

Para definir con claridad los resultados esperados, utilice el Contraste. Si en el pasado ha visto a personas que no entienden bien una tarea, comente el error habitual como ejemplo de lo que no quiere. Si es posible, ponga ejemplos reales. En lugar de hablar en abstracto, traiga un prototipo o una muestra. Nosotros aprendimos este truco en concreto cuando contratamos a un decorador. El famoso decorador habló de los resultados y nos pareció estupendo. Veinticinco mil dólares más tarde nos presentó algo que jamás funcionaría. Tuvimos que empezar nuevamente desde cero. A partir de ese día, hemos aprendido a enseñar fotos y a hablar de lo que queremos y no queremos. Cuanto más clara sea la imagen de lo que desea, menos probabilidades tendrá de encontrarse con sorpresas desagradables.

¿Para cuándo?

Es asombrosa la frecuencia con que las personas omiten este elemento en una tarea. En lugar de dar un plazo, sencillamente señalan hacia el sol poniente de «algún día». Con plazos vagos o no especificados, surgen otras urgencias y la tarea acaba siendo relegada al fondo del montón, donde pronto será olvidada. Las tareas sin plazos son mucho más propicias para engendrar culpas que para estimular la acción. Los objetivos sin plazos no son objetivos, sino unas meras instrucciones.

¿Cómo se hará el seguimiento?

Siempre póngase de acuerdo en la frecuencia y el método con que realizará el seguimiento de la tarea. Podría ser un sencillo correo electrónico que confirme que el proyecto ha llegado a su fin. Podría ser un informe en toda regla en una reunión de equipo o de familia. La mayoría de las veces se limita a verificar el progreso a lo largo del tiempo.

De hecho, es bastante fácil construir un método de seguimiento de la tarea. Por ejemplo: «Llámame a mi teléfono cuando acabes los deberes. Entonces podrás ir a jugar con los amigos, ¿de acuerdo?»

O quizá prefiera un método más concreto: «Avísame cuando termines tu investigación en la biblioteca. Entonces nos sentaremos y analizaremos los pasos siguientes». Este método, desde luego, debe estar sujeto a una fecha. «Avísame en cuanto termines la parte de investigación de este proyecto. Tienes hasta la última semana de noviembre, pero si terminas antes, llámame.»

Recuerde, si quiere que las personas se sientan responsables, debe darles una oportunidad para ello. Construya una expectativa para el seguimiento en la asignación de todas las tareas.

DOCUMENTE SU TRABAJO

Una vez más, nos viene el recuerdo de un proverbio: «Más vale un lápiz corto que una memoria extensa». No deje el trabajo difícil para su memoria. Si ha hecho el esfuerzo de acabar esa conversación crucial, no desperdicie todos los significados que ha creado fiándose de su memoria. Anote los detalles de las conclusiones, las decisiones y las tareas. Recuerde registrar quién hace qué. Revise sus notas en momentos clave, por ejemplo, al preparar o estar en la reunión siguiente, para revisar las tareas asignadas.

Cuando revise aquello que supuestamente está acabado, exija responsabilidad de las personas. Cuando alguien no entrega algo en la fecha indicada, o con las características acordadas, es el momento de hablar. Aborde el tema utilizando las habilidades ANIME que describimos en el capítulo 7. Hacer que las personas se sientan responsables no sólo aumenta su motivación y la habilidad para cumplir según lo pactado, sino que también crea una cultura de la integridad.

RESUMEN — EL PASO A LA ACCIÓN

Convierta sus conversaciones cruciales exitosas en grandes decisiones y en una acción conjunta, evitando las dos tramas: las expectativas frustradas y la falta de acción.

Decida cómo tomar decisiones

- *Por jerarquía*. Las decisiones se toman sin comprometer a otros.

- *Por consulta*. Se recoge la información del grupo y luego decide un grupo más reducido.

- *Por votación*. Un porcentaje ya pactado de votantes adopta la decisión.

- *Por consenso.* Todos alcanzan un acuerdo y luego apoyan la decisión final.

Acabe con claridad

Decida *quién* hace *qué* y *para cuándo*. Formule las fechas de entrega con toda claridad. Defina un programa de *seguimiento*. Guarde un registro de los compromisos y realice el seguimiento. Finalmente, consiga que las personas asuman la responsabilidad que entrañan sus promesas.

10

Las buenas palabras valen mucho y cuestan poco.

GEORGE HERBERT

Sí, pero

Consejos para casos difíciles

Ya es costumbre para nosotros (los autores) que cada vez que enseñamos en cualquier foro este material, recibamos comentarios de diversas personas que dicen: "Sí, estamos acostumbrados a que nos digan: «Sí, pero mi situación es más complicada que eso» o «Sí, pero las personas con las que yo trato no se dejan convencer tan fácilmente. Además, la mayoría de los problemas a los que me enfrento surgen espontáneamente. Me cogen desprevenido...» En pocas palabras, las personas son capaces de dar múltiples motivos para demostrar que las habilidades que hemos mencionado no se adecuan a las situaciones que a ellos les importan.

- «Sí, pero ¿qué pasa si alguien hace cosas muy sutilmente? Te desquicia, pero es muy difícil de identificar. ¿Cómo debo lidiar con ello?»

- «Sí, pero ¿qué pasa si mi compañero de toda la vida se niega siempre a hablar de cosas importantes? No puedes obligar a una persona a dialogar.»

- «Sí, pero ¿qué pasa si no me puedo callar a tiempo? Me han dicho que nunca me acueste enfadado, pero a veces pienso que necesito tiempo a solas. ¿Qué debería hacer?»

- «Sí, pero ¿qué pasa si no confío en la otra persona? ¿Cómo se supone que tengo que manejar eso?»

- «Sí, pero mi jefe y mi cónyuge son demasiado sensibles para aceptar comentarios. ¿No debería simplemente dejar que las cosas fluyan?»

En realidad, las habilidades para el diálogo que hemos compartido se aplican a casi cualquier problema imaginable. Sin embargo, puesto que algunos son más complejos que otros, hemos escogido diecisiete casos difíciles. Nos tomaremos el tiempo suficiente para compartir una o dos ideas a propósito de cada uno.

ACOSO SEXUAL O DE OTRA NATURALEZA

«Sí, PERO...

NO ES QUE NADIE ME ESTÉ ACOSANDO abiertamente ni nada por el estilo, pero no me gusta cómo me tratan. ¿Cómo puedo hablar de ello sin crearme enemigos?»

El punto peligroso

Alguien hace comentarios o gestos que usted encuentra ofensivos. La persona lo hace con poca frecuencia o es lo bastante sutil como para que usted no sepa con certeza si el Departamento de Recursos Humanos o su jefe le pueden ayudar. ¿Qué puede hacer?

En estas situaciones, es fácil pensar que el que comete la falta tiene todo el poder. Parece que las reglas de la sociedad bien educada permiten a otros tener una conducta inadecuada, y si alguien habla del tema a los demás les parece que está reaccionando exageradamente.

En realidad, la gran mayoría de estos problemas se acaban cuando se habla en privado con la persona que lo genera, con respeto. El desafío más grande será la parte relativa al respeto. Si usted tolera esta conducta demasiado tiempo, tendrá tendencia a contarse y a contar a otros una Historia de Villanos cada vez más rotunda acerca de la persona que comete la falta. Esto agitará sus emociones hasta el punto de que acabará escupiendo fuego, aunque no sea más que a través de su lenguaje corporal.

La solución

Cuente el resto de la historia. Si ha tolerado la conducta durante mucho tiempo antes de mantener una conversación, reconózcalo. Esto puede ayudarle a tratar al individuo como a una persona razonable, racional y decente, aunque su conducta no corresponda a esta descripción.

Cuando sienta algún respeto por la otra persona, está preparado para comenzar. Después de definir un Objetivo Común para el intercambio, defina su camino. Por ejemplo:

Me gustaría hablar acerca de algo que está creando tensiones contigo. Es un tema difícil de comentar, pero creo que nos ayudará a ser mejores compañeros de equipo si doy el paso. ¿Te parece bien? [*Definir Objetivo Común*]

A veces, cuando entro en tu oficina, tus ojos se pasean de arriba abajo por mi cuerpo. Y cuando me siento junto a ti frente a la computadora, pones el brazo alrededor del respaldo de mi silla. No sé si eres consciente de que haces estas cosas, así que quiero comentártelas porque transmiten un mensaje que me hace sentir incómoda. ¿Cómo lo ves tú? [*Definir mi camino*}

Si puede ser respetuosa y discreta pero firme en esta conversación, acabarán con la mayoría de las conductas problemáticas. Y recuerde, si la conducta se pasa de la raya, no debería vacilar en ponerse en contacto con el Departamento de Recursos Humanos para garantizar que se protejan sus derechos y su dignidad.

MI CÓNYUGE HIPERSENSIBLE

 ¿QUÉ HACE CUANDO su cónyuge es demasiado sensible? Usted intenta hacer comentarios constructivos, pero él reacciona tan exageradamente que acaban enfrascados en el silencio.»

El punto peligroso

A menudo, las parejas llegan a un acuerdo no explícito durante el primer año de su matrimonio que afecta a su manera de comunicarse durante el resto de su convivencia. Imaginemos que uno es sensible y no puede tolerar los comentarios, o que el otro no es lo suficientemente cuidadoso al hacerlos. En cualquier caso, en la práctica acuerdan no hablarse. Viven en el silencio. Los problemas tienen que ser enormes antes de que lleguen a hablar de ellos.

La solución

Normalmente, se trata de un problema de no saber cómo definir su camino. Cuando algo le produce malestar, abórdelo con rapidez. El Contraste también es útil. «No tengo la intención de exagerar esto. Sólo quiero abordarlo antes de que se me escape de las manos.» Describa las conductas concretas que ha observado. «Cuando Jimmy deja su habitación hecha una pocilga, recurres al sarcasmo para llamarle la atención. Lo llamas "cerdo" y él se ríe como si no lo dijeras en serio.» Explique prudentemente las consecuencias. «Pienso que no tiene el efecto que tú quisieras. Él no se da por enterado con la indirecta, y temo que comienza a sentir rencor contra ti.» (*Su historia.*) Estimule las pruebas: «¿Tú lo ves diferente?»

Finalmente, aprenda a Detectar las señales de que peligra la seguridad y Procure dar seguridad. Cuando defina adecuadamente las cosas y otros adopten una actitud a la defensiva, no llegue a la conclusión de que es imposible hablar del tema. Reflexione más profundamente sobre el asunto. Tome distancia con el contenido, haga lo necesario para asegurarse de que su interlocutor se siente seguro, y luego intente nuevamente definir su opinión con toda sinceridad.

Cuando los cónyuges dejan de darse mutuamente informaciones útiles, renuncian a la ayuda de un confidente y un «entrenador» para toda la vida. Pierden cientos de oportunidades para ayudarse el uno al otro a comunicarse más eficazmente.

INCAPACIDAD DE RESPETAR LOS ACUERDOS

 MIS COMPAÑEROS DE EQUIPO SON unos hipócritas. Nos reunimos y hablamos de lo mucho que podríamos progresar, pero después las personas no cumplen con lo acordado.»

El punto peligroso

Los *peores* equipos no prestan atención a problemas de este tipo. En los *buenos* equipos, es el jefe quien a la larga aborda las conductas problemáticas. En los *mejores* equipos, cada uno de los miembros es parte del sistema de responsabilidades. Si los miembros del equipo ven a otros transgredir un acuerdo tomado colectivamente, lo dicen inmediatamente y de manera directa. Es peligroso esperar a que el jefe haga lo que los buenos compañeros de equipo pueden hacer por sí solos.

La solución

Si su compañero de equipo no hace lo que usted piensa que debería hacer, a usted le corresponde abordarlo.

Nos hemos percatado de esto después de observar a un grupo de ejecutivos que acordaron abstenerse hacer gastos, discrecionales para ahorrar dinero con el fin de enfrentarse a una crisis a corto plazo. Esta estrategia sonaba bien en el cálido ambiente de una reunión fuera del trabajo, pero al día siguiente un miembro del equipo se desdijo y pagó por adelantado a un proveedor por seis meses de asesoría, un servicio que parecía ser «discrecional».

Uno de los miembros del equipo que vio al ejecutivo disponerse a pagar y luego realizar el pago anticipado no entendió que ese era el momento de tenert una conversación crucial pues definiría si el equipo se enfrentaría unido al problema o fracasaría. Al contrario, decidió que era asunto del jefe hacer responsable a esta persona. Guardó silencio. Cuando el jefe supo lo de la transacción y abordó el tema, la política ya había sido transgredida y el dinero gastado. La motivación para apoyar el nuevo plan se desdibujó y el equipo se quedó sin dinero.

Cuando los equipos intentan actuar unidos en torno a un cambio agresivo o asumir iniciativas osadas y novedosas, deben estar preparados para abordar el problema cuando uno de los miembros no cumple sus compromisos. El éxito no depende del absoluto cumplimiento de las nuevas expectativas, sino de que los miembros del equipo que sostienen conversaciones cruciales unos con otros cuando algunos parecen volver a los antiguos hábitos.

LA DEFERENCIA A LA AUTORIDAD

«SÍ, PERO...» LAS PERSONAS QUE TRABAJAN PARA MÍ FILTRAN lo que dicen suponiendo qué es lo que yo quiero escuchar. Apenas toman la iniciativa para solucionar problemas importantes porque temen que no estaré de acuerdo con ellos.»

El punto peligroso

Cuando los líderes se enfrentan a la deferencia (algo que se parece a la adulación) suelen cometer uno de estos dos errores: o no diagnostican bien la causa (el temor) o intentan prohibir la deferencia con una orden categórica.

Pronóstico equivocado. A menudo, los líderes son la causa del miedo, pero lo desconocen o, al menos, lo niegan. «¿Quién? ¿Yo? Pero si yo no hago nada para que la gente se sienta incómoda.» No han aprendido a poner atención. No son conscientes de su Estilo Bajo Presión. A pesar de esta exculpación de responsabilidades, su manera de actuar, su costumbre de hablar en términos absolutos y su uso sutil de la autoridad logran al final crear miedo y, a la larga, deferencia.

También existe otro error de diagnóstico: los líderes que se enfrentan a «serviles aduladores» suelen pensar que cometen algún error cuando, de hecho, conviven con los fantasmas de los jefes anteriores. Hacen todo lo posible por mostrarse abiertos, apoyar a las personas y comprometerlas, pero a pesar de sus genuinos esfuerzos, la gente sigue guardando las distancias. A menudo, las personas tratan a sus superiores como celebridades o dictadores, aunque éstos no hayan hecho nada para merecerlo.

Antes de hacer cualquier cosa, tiene que saber si usted es la causa, si vive con los fantasmas de los jefes anteriores, o ambas cosas.

Una orden para erradicarlo. Muchos superiores buscan el camino sencillo. Les ordenan a las personas que dejen de mostrar esa deferencia.

—Me parece que estás de acuerdo conmigo porque yo soy el jefe y no porque lo que diga tenga sentido.

—¡Totalmente de acuerdo!

—Preferiría que dejes de estar de acuerdo conmigo y te limites a escuchar lo que te planteo.

—De acuerdo. ¡Lo que usted diga, jefe!

Ante la deferencia asumida como hábito, se enfrenta a un callejón sin salida. Si no dice algo, probablemente continuará. Si dice algo, puede que esté estimulando su continuidad sin proponérselo.

La solución

Primero, trabaje consigo mismo. Descubra cuál es la parte que le corresponde en el problema. No pregunte a sus subordinados. Si ellos ya se muestran deferentes con usted, no harán más que encubrir el problema. Consulte con un compañero que lo haya visto en acción. Pida comentarios sinceros. ¿Es verdad que hace cosas que llevan a las personas a mostrarse deferentes con usted? Si la respuesta es sí, ¿qué hacer? Sondee el camino de su compañero pidiéndole que le señale sus conductas concretas. Elaboren juntos un plan de ataque, trabaje en ello y pida información permanentemente.

Si el problema proviene de los fantasmas (las actuaciones de directores anteriores), exprese sus opiniones *públicamente*. Describa el problema en una reunión de grupo o de equipo y luego pida consejos. No intente prohibirlo con una orden. Es imposible. Recompense a quienes toman riesgos y estimule las pruebas. Cuando las personas expresen una opinión contraria a la suya, agradezca su sinceridad. Conviértase en el abogado del diablo. Si no consigue que otros muestren su desacuerdo, manifieste su desacuerdo consigo mismo. Haga saber a las personas que todas las ideas pueden ser impugnadas. Si es necesario, abandone la sala. Dé a las personas espacio para respirar.

LA FALTA DE CONFIANZA

 NO SÉ QUÉ hacer. No estoy seguro de que pueda confiar en esta persona. No ha respetado un plazo importante. Ahora me pregunto si debería volver a confiar en él.»

El punto peligroso

Las personas suelen pensar que la confianza es algo que se tiene o no se tiene; o se confía en alguien o no se confía. Eso pone demasiada presión en la confianza. «Qué quieres decir, ¿que no puedo volver a casa después de medianoche? ¿No confías en mí?», pregunta su hijo adolescente.

La confianza no tiene por qué darse indiscriminadamente. En realidad, se suele ofrecer de manera gradual y es muy específica en función del problema. También viene con dos condimentos, a saber, motivación y capacidad. Por ejemplo, puede confiar en mí para realizar una reanimación cardiovascular, si es necesario. Estoy motivado. Pero no puede confiar en mí para que haga un buen trabajo. No tengo ni idea de cómo hacerlo.

La solución

Aborde la confianza en torno a un tema, no en torno a una persona.

Cuando se trate de recuperar la confianza en los demás, no ponga el listón demasiado alto. Simplemente intente depositar su confianza en cuestiones puntuales, no en todos los temas. No tiene por qué confiar en ellos para todo. Para tener seguridad en el momento adecuado, exprese sus preocupaciones. Defina prudentemente aquello que observa. «Tengo la sensación de que sólo compartes los aspectos positivos de tu plan. Tendría que saber más acerca de los posibles riesgos antes de sentirme cómodo. ¿Te parece bien?» Si alguien recurre a trucos, dígaselo.

Por otro lado, no utilice su desconfianza como un garrote, para castigar a otros. Si se han ganado su desconfianza en algún aspecto, no permita que aquello contamine su percepción de la totalidad de su carácter. Si se cuenta a sí mismo una Historia de Villanos que exagera la poca fiabilidad del otro, actuará de manera que les ayude a justificarse por ser aún menos merecedores de su confianza. De esta manera, dará inicio a un ciclo contraproducente y conseguirá más de lo que no desea.

NO QUIERE HABLAR DE NADA SERIAMENTE

«SÍ, PERO...» *MI CÓNYUGE ES LA persona de la que hablaba antes. Ya sabe, intento sostener una conversación que tenga sentido. Intento solucionar un problema importante y mi cónyuge simplemente se retrae. ¿Qué puedo hacer?»*

El punto peligroso

Es habitual culpar a otros por no querer seguir dialogando como si fuera una especie de trastorno genético. Ése no es el problema. Si otros no quieren abordar temas difíciles, es porque creen que no servirá de nada. O no saben dialogar o usted no sabe, o ninguno de los dos sabe, o al menos eso piensan.

La solución

Antes que nada, debe trabajar consigo mismo. Puede que su cónyuge sienta aversión por las conversaciones cruciales, incluso cuando habla con una persona competente. Sin embargo, usted sigue siendo la única persona con quien puede trabajar. Comience con desafíos sencillos y no busque los temas más difíciles. Haga lo posible para crear seguridad, permanezca atento constantemente para ver cuándo su cónyuge comienza a sentirse incómodo. Use un lenguaje prudente y separe la intención del resultado. «Estoy segura de que no tendrás la intención de...» Si su cónyuge manifiesta permanentemente su negación a hablar de sus problemas personales, aprenda a Sondear el camino de los demás. Practique estas habilidades cada vez que pueda. En resumen, empiece por algo sencillo y luego incorpore todas sus herramientas de diálogo.

Ahora bien, dicho esto, ejercite la paciencia; no regañe. No pierda la esperanza para luego decantarse hacia la violencia. Cada vez que se vuelva agresivo o insultante, le da a su cónyuge pruebas adicionales de que las conversaciones cruciales no consiguen nada excepto causar daño.

Si observa constantemente su mejor conducta para el diálogo, creará más seguridad en la relación y aumentarán las probabilidades de que su cónyuge comience a comprender las indicaciones y a convencerse.

Cuando vea señales de progreso, puede acelerar su desarrollo invitando a su cónyuge a conversar con usted sobre *cómo* conversan. En este caso, el desafío consiste en crear seguridad definiendo un Objetivo Común convincente. Tiene que ayudar a su compañero a ver una *razón* para tener esta conversación, una razón que sea tan convincente que le den ganas de participar.

Comparta lo que cree que podrían ser las consecuencias de tener o no tener esta conversación (tanto positivas como negativas), explique lo que significa para ustedes dos y para la relación. Luego invite a su cónyuge a que ayude a definir los temas que le cuesta abordar en una conversación. Describan por turnos cómo los dos tienden a enfocar estos temas. Luego hablen de los posibles beneficios que entraña ayudarse mutuamente a progresar.

A veces, si no se va capaz de hablar de los temas difíciles, puede hacerlo con más facilidad acerca de *cómo* hablan —o no hablan— de ellos. Eso contribuirá a poner las cosas en marcha.

VAGO PERO MOLESTO

LA PERSONA EN LA QUE PIENSO NO hace cosas abiertamente inaceptables, sólo cuestiones sutiles que comienzan a ponerme nervioso.»

El punto peligroso

Si las personas sencillamente lo molestan en un sentido abstracto, puede que lo que hagan no merezca una conversación. Quizás el problema no es su conducta, sino su tolerancia. Por ejemplo, un ejecutivo se lamenta: «Mis empleados realmente me decepcionan. Basta con ver lo largo que tiene el cabello». Resulta que los empleados en cuestión no tienen contacto con nadie excepto unos con otros. Lo largo que lleven el pelo no tiene nada que ver con su rendimiento en el trabajo. En realidad, el jefe no tiene motivos para hacer estos comentarios.

Sin embargo, cuando las acciones son a la vez sutiles e inaceptables, entonces tiene que volver sobre su Camino a la Acción y señalar precisamente lo que otros hacen o, lo contrario, no hay nada de qué hablar. Las descripciones abstractas acompañadas de sus conclusiones o historias vagas no tienen sitio en las conversaciones cruciales. Por ejemplo, cada vez que su familia se reúne, su hermano no deja de hacer comentarios desagradables sobre todos utilizando un humor sarcástico. Los comentarios individuales no son lo bastante insultantes como para discutirlos. Lo que usted desea abordar es que estos constantes comentarios convierten todas las reuniones en algo negativo. Recuerde, aclarar los hechos es la tarea que exigen las conversaciones cruciales.

La solución

Vuelva sobre su Camino a la Acción hasta la fuente. Identifique las conductas concretas que están fuera del límite y tome nota. Cuando haya hecho sus deberes, piense en las conductas que ha anotado y asegúrese de que la historia que se cuenta a sí mismo sobre estas conductas sea lo bastante importante para el diálogo. Si lo es, procure seguridad y defina su camino.

NO DEMUESTRA INICIATIVA ALGUNA

«SÍ, PERO...»

ALGUNOS MIEMBROS DE MI EQUIPO DE TRABAJO hacen lo que se les pide y nada más. Si se enfrentan a un problema, sólo intentan arreglarlo una vez. En cambio, si sus esfuerzos fracasan, abandonan.»

El punto peligroso

Es más probable que la mayoría de las personas hablen de la existencia de una mala conducta que de la ausencia de una conducta buena. Cuando alguien realmente molesta, los superiores y los padres por igual se ven obligados a actuar. Sin embargo, cuando las personas sencillamente no consiguen desenvolverse con excelencia, es difícil saber qué decir.

La solución

Establezca nuevas y mejores expectativas. No trate con un caso específico, sino con el modelo en su conjunto. Si quiere que alguien demuestre más iniciativa, dígaselo. Dé ejemplos específicos de cuando la persona se enfrentó a un obstáculo y se dio por vencido después de tan sólo un intento. Suba el listón y procure que quede muy claro qué ha hecho. Participen ambos en una lluvia de ideas sobre lo que podría haber hecho para ser más persistente y más creativa e idear una solución.

Por ejemplo: «Te pedí que realizaras, en lugar de acabaras una tarea que debías terminar por todos los medios antes de que yo volviera de un viaje sin excusa. Tuviste un problema, intentaste ponerte en contacto conmigo y luego, sencillamente, dejaste un mensaje a mi hijo de cuatro años. ¿Qué podrías haber hecho para dar conmigo en la carretera? ¿Qué habría sido necesario para crear una estrategia de apoyo?»

Preste atención a cómo compensa la falta de iniciativa de alguien. ¿Se ha hecho responsable a sí mismo del seguimiento? Si la respuesta es sí, hable con la persona para que asuma esa responsabilidad. ¿Ha pedido a más de una persona que se ocupe de la tarea para estar seguro de que la acabarán? Si la respuesta es sí, hable con la persona originalmente encargada de informar sin dilación sobre el progreso, de manera que sólo necesitará asignar a otra persona al trabajo cuando haya una clara necesidad de más recursos.

Renuncie a *declarar* sus expectativas de que otros no tomarán iniciativas. Al contrario, hable de sus expectativas y alcance acuerdos que otorguen la responsabilidad a los miembros del equipo, a la vez que éstos le dan información con bastante premura para no dejarlo en la estacada.

MUESTRA UN PATRÓN

«Sí, PERO...

NO ES UN PROBLEMA AISLADO. Es que no paro de hablar con el personal del mismo problema. Me siento como si tuviera que escoger entre tener que regañar o asumir el problema. Y ahora, ¿qué?»

El punto peligroso

Algunas conversaciones cruciales no funcionan bien porque está sosteniendo la conversación equivocada. Conversa con alguien que ha llegado tarde a una reunión por segunda vez. Luego una tercera. La sangre le comienza a hervir. Luego se muerde el labio y da otro amable recordatorio. Finalmente, después de que aumenta su irritación (porque se ha contado una historia desagradable), se vuelve violento. Hace un comentario irónico o cortante y luego acaba actuando como un despistado porque la reacción parece muy desproporcionada en relación a la falta leve.

Si sigue volviendo al problema original (llegar tarde) sin hablar del problema nuevo (incapacidad de cumplir con los compromisos), se encuentra atascado en la metáfora Atrapado en el tiempo. Solemos hablar de este problema recurriendo a la metáfora de la película *Atrapado en el tiempo*. Si vuelve siempre al problema inicial, se parece a Bill Murray en aquella película y se ve obligado a volver a vivir la misma situación una y otra vez en lugar de lidiar con el problema importante. Nunca se resuelve nada.

La solución

Aprenda a detectar patrones de conducta. No se centre exclusivamente en un solo acontecimiento. Observe la conducta a lo largo del tiempo. Luego defina su camino hablando del modelo. Por ejemplo, si una persona llega tarde a las reuniones y se propone mejorar, la próxima conversación no debería versar sobre la tardanza. Debería ser acerca de su incapacidad para cumplir con los compromisos. Éste es un problema mayor. Ahora se trata de confianza y respeto.

Las personas suelen volverse mucho más emocionales de lo que justifica el tema que han abordado porque hablan del tema equivocado. Si realmente está molesto debido a un patrón de conducta, pero sólo hablan de este último caso, sus emociones parecerán desproporcionadas. Al contrario, lo interesante sucede cuando sostenemos la conversación *adecuada*. Nuestras emociones se calman. Cuando hablemos acerca de algo que realmente nos preocupa —el patrón de conducta— seremos capaces de actuar con más compostura y eficacia.

No se deje arrastrar a tratar los casos aisladamente o su preocupación parecerá trivial. Aborde el problema del patrón general.

¡NECESITO TIEMPO PARA CALMARME!

 ME HAN DICHO QUE nunca debería irme a dormir enfadado. ¿Es eso siempre una buena idea?»

El punto peligroso

Una vez que se ha enfadado, no siempre es fácil calmarse. Se ha contado a sí mismo una historia desagradable, su cuerpo ha respondido preparándose para un altercado y ahora intenta hacer lo posible para no darle salida (aunque su organismo aún no se ha puesto a tono con el cerebro). ¿Qué hacer en ese caso? ¿Intenta seguir en el diálogo aun cuando su intuición le dice que reflexione sobre ello? Al fin y al cabo, mamá decía: «Nunca te vayas a la cama enfadado».

La solución

De acuerdo, mamá no tenía toda la razón. Tenía razón al señalar que no debemos dejar que los problemas queden sin resolver. Se equivocaba al decir que se debe perseverar en una discusión, sin importar su estado emocional. Es perfectamente válido plantear que necesitamos tiempo a solas y que quisiéramos volver sobre la discusión más tarde.

Por ejemplo, mañana. Después, cuando haya disminuido el nivel de adrenalina y haya tenido tiempo para pensar en los problemas, sostenga la conversación. Llegar a un acuerdo mutuo para darse un respiro no es lo mismo que caer en el silencio. De hecho, es un ejemplo muy saludable de diálogo.

Como nota al margen sobre este tema, no es buena idea decirle a otros que tienen que calmarse o que necesitan darse un respiro. Puede que necesiten el tiempo, pero es difícil sugerirlo sin parecer paternalista: «Tómate diez minutos, cálmate, y vuelve a hablar conmigo». Con otras personas, vuelva a la fuente de su irritación. Vuelva sobre el Camino a la Acción de sus interlocutores.

EXCUSAS PERMANENTES

 MI HIJO ADOLESCENTE es un maestro de las excusas. Le hablo de un problema y él siempre tiene una nueva razón para explicar por qué no es culpa suya.»

El punto peligroso

Es fácil verse arrastrado a una serie de excusas interminables, sobre todo si la otra persona no quiere hacer lo que usted le ha pedido y descubre que, siempre que le dé una razón plausible, no hay problemas.

«Salgo a trabajar antes de que mi hijo se vaya a la escuela y he sabido que siempre llega tarde. Al principio, me dijo que llegaba tarde porque la alarma de su reloj despertador se había estropeado. Al día siguiente el viejo coche que le compramos sufrió una avería, o al menos eso dice. Luego su amigo olvidó pasar a buscarlo. Luego tuvo un resfriado y no pudo oír su nuevo despertador. Y luego...»

La solución

Con personas «imaginativas» realice una incursión preventiva contra cualquier nueva excusa. Consiga un compromiso para solucionar el problema general, no solamente la causa mencionada. Por ejemplo, la primera vez que una persona llega tarde, procure obtener un compromiso de su parte para reparar la alarma, y cualquier otra cosa que sea un obstáculo. La reparación de la alarma trata con sólo una causa potencial. Dígale a la persona que solucione el problema, a saber, llegar tarde.

«De modo que piensas que si compras un nuevo reloj despertador, serás capaz de llegar a la escuela a tiempo. Me parece estupendo. Haz lo que haga falta para llegar a tiempo. ¿Puedo contar con que mañana llegarás a las ocho en punto?»

Recuerde, a medida que las excusas se acumulan, no aborde la excusa más reciente. Hable del patrón de conducta.

LA INSUBORDINACIÓN (O LA FALTA DE RESPETO QUE PASA DE LA RAYA)

¿QUÉ PASA SI LAS PERSONAS con las que habla no sólo están enfadadas sino que también manifiestan insubordinación? ¿Cómo lidiar con eso?»

El punto peligroso

Cuando tenga que hablar de un tema difícil con sus empleados (o incluso con sus hijos), siempre existe la posibilidad de que se pasen de la raya. Se desplazarán de una riña amistosa a una discusión acalorada, y después al desagradable terreno donde se manifiesta la insubordinación o la falta de respeto.

El problema es que la insubordinación es tan poco habitual que coge a la mayoría de los líderes por sorpresa. De modo que buscan tiempo para decidir qué hacer. Y, al hacerlo, dejan que la persona se salga con la suya con algo que estaba completamente fuera de lugar. Peor aún, su indiferencia hace de ellos un cómplice de todos los futuros abusos. Los padres, al contrario, tomados por sorpresa, tienden a responder con la misma moneda y se enfadan e insultan.

La solución

Manifieste una tolerancia cero ante la insubordinación. Dígalo de inmediato, pero respetuosamente. Cambié de tema para tratar el problema de cómo actúa esa persona. Sepa identificar la escalada de la falta de respeto antes de que se convierta en abuso e insubordinación. Haga saber a la persona que su pasión por el tema en cuestión lo conduce por un camino peligroso. «Me gustaría dejar de lado el tema en cuestión por un momento; cuando acabe lo retomaré sin dilación. La manera en que te inclinas hacia mí y levantas la voz me parece una falta de respeto. Quiero ayudarte en tus inquietudes, pero las cosas se complicarán mucho si esto continúa.»

Si no puede ocuparse de ello desde el primer momento, hable de la insubordinación y busque la ayuda de los especialistas del Departamento de Recursos Humanos.

LAMENTARSE DESPUÉS DE DECIR ALGO HORRIBLE

«SÍ, PERO...

A VECES DEJO QUE UN PROBLEMA se prolongue mucho tiempo y cuando finalmente saco el tema a colación, digo cosas horribles. ¿Cómo puedo remediarlo?»

El punto peligroso

Cuando otras personas hacen cosas que nos molestan y luego nosotros mismos contamos una historia sobre por qué son malas personas o están equivocadas, estamos preparándonos para una conversación malsana. Desde luego, cuando nos contamos a nosotros mismos una historia desagradable y luego nos quedamos con ella, ésta no hace más que empeorar. Las historias que no abordamos no mejoran con el tiempo, sino que fermentan. Luego, cuando al final ya no lo soportamos, decimos algo que lamentaremos.

La solución

En primer lugar, no reprima su historia. Utilice sus habilidades ANIME de inmediato, antes de que la historia se vuelva demasiado desagradable. En segundo lugar, si ha dejado que el problema persista, no mantenga la conversación crucial cuando esté enfadado. Fije un momento en que pueda hablar con calma. Luego, utilizando sus habilidades ANIME, explique lo que ha visto y oído, y cuente con prudencia la historia más sencilla y menos ofensiva. «Tu manera de contarme que nuestro vecino piensa que soy un imbécil me preocupa. Sonreíste y te reíste al decirlo. Estoy comenzando a preguntarme si disfrutas cuando vienes a transmitirme comentarios negativos. ¿Es eso lo que sucede?»

Si dice algo horrible como(«Eres cruel, ¿lo sabías? Te fascina herirme y estoy harto»), pida disculpas. No puede deshacer lo hecho, pero sí pedir disculpas. Luego, defina su camino.

DELICADO Y PERSONAL

«Sí, PERO...»

¿QUÉ PASA SI ALGUIEN tiene un problema de higiene? O quizás es una persona aburrida y los otros lo evitan. ¿Cómo hablar de algo personal y delicado como eso?»

El punto peligroso

La mayoría de las personas evitan los temas delicados como si fueran la peste. ¿Quién puede culparlos? Por desgracia, cuando el miedo y la compasión mal entendida pueden más que la honestidad y el valor, las personas llegan a vivir años sin recibir información que podría serles sumamente útil.

Cuando las personas se deciden a hablar, suelen saltar del silencio a la violencia. Bromas, motes y otros intentos velados para introducir vagos comentarios indirectos e irrespetuosos. Además, cuanto más tiempo pase sin pronunciarse, mayor será el dolor cuando finalmente transmita su mensaje.

La solución

Utilice el Contraste. Explique que no desea herir los sentimientos de la otra persona, pero que quiere compartir algo que podría ser útil. Defina un Objetivo Común. Deje que la otra persona sepa que sus intenciones son respetables. También explique que siente reticencias para tratar el tema debido a su naturaleza personal, pero dado que dicho problema interfiere con la eficacia de la otra persona, lo ve como un deber. Describa prudentemente el problema, no juegue con él ni exagere; describa las conductas específicas y luego busque soluciones. Aunque estas discusiones nunca son fáciles, desde luego no tienen que ser ofensivas ni insultantes.

DISTORSIÓN DE PALABRAS

 MIS HIJOS no paran de distorsionar lo que digo. Si intento decirles que no deberían haber hecho algo, me dicen que jamás les dije exactamente eso. Comienzan a ponerme de los nervios.»

El punto peligroso

A veces, los padres (y los líderes) caen en el truco de aceptar un rendimiento deficiente de individuos dotados de un pico de oro que son infinitamente creativos cuando se trata de inventar nuevas maneras de explicar por qué no estaban enterados. Estas personas tan creativas no sólo tienen la capacidad de conjurar excusas creativas, sino también la energía y la voluntad para hacerlo incesantemente. Al final, acaban cansándonos. El resultado es que pueden salirse con la suya rindiendo menos o rindiendo deficientemente, mientras que los miembros trabajadores y enérgicos de la familia (o los empleados) acaban llevándose una parte injusta de la carga de trabajo.

La solución

He aquí otro caso donde el patrón de conducta importa más que los casos individuales. Defina prudentemente el patrón fino en que se incurre y la carga de distorsión de las palabras. Hágales saber que no engañan a nadie. En este caso, no se centre exclusivamente en los actos, porque las personas creativas siempre encontrarán nuevas iniciativas inadecuadas. «No me dijiste que no podía llamarla "estúpida".» Hable acerca de las conductas y los resultados. «Cuando llamas estúpida a tu hermana, hieres sus sentimientos. Por favor, no hagas eso, ni digas cualquier otra cosa que hiera sus sentimientos.»

Utilice la conducta anterior como un ejemplo, y hágalos responsables de los resultados. No se deje arrastrar a discusiones sobre casos concretos. Utilice sólo el patrón de conducta como tema de conversación.

SIN PREVIO AVISO

TENGO A MUCHA GENTE BUENA que trabaja para mí, pero están demasiado llenos de sorpresas. Cuando se topan con un problema, sólo lo descubro cuando ya es demasiado tarde. Siempre tienen una buena excusa, y no sé qué hacer.»

El punto peligroso

Los líderes que se ven constantemente sorprendidos permiten que esto suceda. La primera vez que un empleado dice: «Lo siento, pero he tenido un problema», sus superiores no entienden el asunto de fondo. Escuchan el problema, intentan solucionarlo y luego pasan a otro tema. Al hacer esto, es como si dijeran: «No tiene importancia si me sorprendéis. Si tenéis una excusa legítima, dejad de hacer lo que hacéis, dirigid vuestros esfuerzos a otra tarea y luego esperad a que yo llegue para soltar las noticias».

La solución

Deje muy claro que una vez que haya asignado una tarea, sólo hay dos caminos aceptables. Los empleados tienen que completar la según los planes previstos o, si tienen un problema, tienen que informarle inmediatamente. Nada de sorpresas ni excusas. De igual manera, si deciden que es necesario realizar otra tarea, lo llamarán. Nada de sorpresas.

Deje clara la regla de «Nada de sorpresas». La primera vez que alguien se presente con una excusa legítima (sin haberle avisado desde que el problema surgió), abórdelo como este problema. «Quedamos de acuerdo en que me lo comunicaría inmediatamente. Nadie me llamó. ¿Qué ha sucedido?»

TRATAR CON ALGUIEN QUE ROMPE TODAS LAS REGLAS

¿QUÉ PASA SI LA PERSONA con la que tratamos transgrede con frecuencia todos los principios del diálogo, sobre todo durante las conversaciones cruciales?»

El punto peligroso

Cuando observamos un eje continuo de habilidades para el diálogo, la mayoría, por definición, pertenecemos a la sección del medio. A veces nos corresponde y a veces no. Algunos sabemos evitar las Alternativas del Tonto, otros destacamos cuando se trata de crear seguridad. Desde luego, también existen los extremos. Hay personas que son verdaderos genios de la conversación. Y ahora resulta que trabaja o quizá vive con alguien totalmente opuesto a usted. Rara vez utiliza alguna habilidad. ¿Qué debe hacer?

El peligro, desde luego, es que la otra persona no sea tan mala como usted piensa, sino que usted saca todo lo peor de ella, o bien que se trate de una persona realmente mala, y que usted intente abordar todos los problemas simultáneamente.

La solución

Supongamos que esta persona es bastante mala todo el tiempo y con casi todos. ¿Por dónde empieza? Aplicaremos un símil. ¿Cómo se come un elefante? Trozo a trozo. Escoja sus blancos atentamente. Piense en dos dimensiones: 1) ¿Qué es lo que más le molesta? «Esa persona siempre supone lo peor y cuenta historias horribles» ;2) ¿Qué sería más fácil tratar? «Esa persona rara vez manifiesta algún tipo de agradecimiento.»

Investigue aquellos aspectos que son más arduos para usted y que quizá no sean demasiado difíciles de abordar. Escoja un elemento y trabaje en él. Defina un Objetivo Común, enmarque la conversación de tal manera que a la otra persona le importe.

«Me gusta cuando nos sentimos bien el uno con el otro. Me encantaría tener esa sensación más a menudo. Hay un par de cosas que me gustaría comentarte y estoy bastante segura de que nos serán útiles. ¿Podemos hablar ahora?»

Defina el tema y luego trabaje ese tema en concreto. No regañe. No lo asuma todo de una vez, aborde cada elemento día a día.

11

El ensamblaje final

Herramientas para preparar y aprender

Si ha leído las páginas anteriores en poco tiempo, es probable que se sienta como una anaconda que acaba de tragarse un jabalí. Hay mucho por digerir.

Puede que a estas alturas se pregunte cómo es posible guardar estas ideas ordenadamente, sobre todo durante algo tan poco predecible y de ritmo tan rápido como es una conversación crucial.

En este capítulo, abordaremos la enorme tarea de hacer de nuestros instrumentos y competencias para el diálogo algo memorizable y útil. Primero, simplificaremos las cosas compartiendo lo que hemos aprendido de personas que han cambiado sus vidas utilizando estas habilidades. En segundo lugar, expondremos un modelo que puede ayudarle a organizar visualmente los siete principios para el diálogo. En tercer lugar, analizaremos un ejemplo de conversación crucial donde se aplican todos los principios para el diálogo.

DOS PUNTOS DE APOYO

Con el paso de los años seguimos recibiendo comentarios de personas que expresan lo mucho que les han ayudado los principios y habilidades que contiene este libro. Pero ¿Cómo?, ¿cómo es posible que la letra impresa provoque cambios tan importantes?

Después de observar a las personas en sus cosas y en el trabajo, además de entrevistarlas, hemos descubierto que algunas realizan progresos escogiendo una habilidad que saben que les ayudará a iniciar el diálogo en una conversación crucial en curso. Pero otras prestan menos atención a las habilidades y más a los principios. Por ejemplo, he aquí dos maneras con un alto poder multiplicador para empezar aumentando tu capacidad de iniciar un diálogo siendo más consciente de estos dos principios fundamentales.

Aprender a observar. El primer punto de apoyo para el cambio positivo es Aprender a observar. Esto quiere decir que las personas que mejoran sus habilidades para el diálogo continuamente se preguntan si se encuentran dentro o fuera de él. Este único aspecto marca una gran diferencia. Incluso personas que no pueden recordar o que jamás han aprendido las habilidades del ANIME, PRPO, etc., son capaces de beneficiarse de este material simplemente preguntando si se han decantado hacia el silencio o la violencia. Puede que no sepan exactamente cómo remediar el problema específico al que se enfrentan, pero sí saben que si no están en el diálogo, eso no es nada positivo. Y luego intentan algo para reanudarlo. Al final, intentar hacer algo es mejor que no hacer nada.

De modo que recuerde formularse la siguiente pregunta crucial: «¿Estamos jugando o estamos dentro del diálogo?» Es un comienzo excelente.

Muchas personas consiguen ayuda adicional sobre cómo aprender a observar a través de sus propios contexto sociales. Reciben una formación en el entorno de la familia o del equipo de trabajo. A medida que comparten conceptos e ideas, aprenden un vocabulario común. Esta manera compartida de hablar de conversaciones cruciales les ayuda a cambiar.

Quizá la manera más habitual en que el lenguaje del diálogo se integra en las conversaciones cotidianas es mediante la expresión: «Creo que nos hemos alejado del diálogo». Este sencillo recordatorio ayuda a las personas a sorprenderse a sí mismas a tiempo, antes de que el daño sea grave. Así como hemos observado a equipos de ejecutivos, grupos de trabajo y parejas declarar solamente que comienzan a desplazarse hacia el silencio o la violencia, otros suelen reconocer el problema y adoptan medidas correctivas: «Tienes razón. No tengo que decirte lo que hay que decir» o «Lo siento. He intentado imponerte mis ideas».

Crear seguridad. El segundo punto de apoyo es dar seguridad. Hemos señalado que el diálogo consiste en el libre flujo de significados y que el primer obstáculo a ese flujo es la falta de seguridad. Cuando observe que usted y otros se alejan del diálogo, haga algo para procurar más seguridad. Cualquier cosa. Hemos sugerido unas cuantas habilidades, pero no son más que un puñado de prácticas habituales. No son principios inmutables. Descubrirá, sin sorpresas para nadie, que hay muchas cosas que puede hacer para potenciar la seguridad. Si sencillamente entiende que su desafío consiste en dar seguridad, en nueve de cada diez ocasiones intuitivamente hará algo que le sirva.

A veces, creará seguridad formulando una pregunta y demostrando interés por las opiniones de los demás. En otras ocasiones, un contacto físico adecuado (con los seres queridos y los miembros de la familia pero no en el trabajo, donde tocar a alguien puede ser interpretado como acoso) puede comunicar seguridad. Las disculpas, las sonrisas, incluso pedir un «breve descanso» contribuyen a restablecer la seguridad cuando las cosas se ponen difíciles. La idea principal es Crear un entorno Seguro. Haga algo para que los demás se sientan cómodos. Y recuerde, casi todas las habilidades que hemos cubierto en este libro, desde el Contraste hasta Cebar, ofrecen instrumentos para dar seguridad.

Estos dos puntos de apoyo constituyen la base para reconocer, construir y mantener el diálogo. Cuando se introduce el concepto de diálogo, éstas son las ideas que la mayoría de las personas pueden asimilar fácilmente y aplicar a conversaciones cruciales. A continuación, abordaremos el resto de los principios que hemos tratado.

CÓMO PREPARARSE PARA UNA CONVERSACIÓN CRUCIAL

He aquí un último instrumento que le ayudará a traducir estas ideas en acción. Se trata de una manera muy eficaz de entrenarse —o de entrenar a otra persona— a través de una conversación crucial. Es algo que puede ayudarle literalmente a identificar el lugar exacto en el que se ha quedado atascado y la habilidad específica que puede ayudarle a desatorar la conversación.

Observe la tabla titulada Entrenamiento para conversaciones cruciales. La primera columna recoge los siete principios para el diálogo que hemos compartido. La segunda columna resume las habilidades relacionadas con cada principio. La columna final es el mejor lugar para comenzar a entrenarse uno mismo o a otros. En esta columna se incluye una lista de preguntas que le ayudarán a aplicar habilidades específicas en sus conversaciones.

Entrenamiento para conversaciones cruciales

Principio	Habilidad	Pregunta crítica
1. Empezar por el corazón (capítulo 3)	Centrarse en lo que realmente desea.	¿Actúo como si deseara qué? ¿Qué deseo realmente? • Para mí. • Para otros. • Para la relación. ¿Cómo me comportaría si realmente deseara esto?

(continúa)

258

Entrenamiento para conversaciones cruciales (*continuación*)

	Rechace la Alternativa del Tonto	¿Qué no deseo? ¿Qué debería hacer para conseguir lo que deseo realmente y evitar lo que no deseo?
2. Aprender a observar (capítulo 4)	Atentos a cuando la conversación se vuelve crucial. Atentos a problemas de seguridad. Atentos a nuestro propio Estilo Bajo Presión.	¿Me decanto hacia el silencio o la violencia? ¿Y los otros?
3. Crear seguridad (capítulo 5)	Pedir disculpas cuando sea lo indicado. El contraste para definir el malentendido. CRIB para definir Objetivo Común.	¿Por qué corre peligro la seguridad? • ¿He creado un Objetivo Común? • ¿Cumplo con el Respeto Mutuo? ¿Qué haré para restaurar la seguridad?
4. El dominio de mis historias (capítulo 6)	Volver sobre mi Camino a la Acción. Separar los hechos de la historia. Atentos a las tres Historias ingeniosas.	¿Cuál es mi historia?
	Contar el resto de la Historia.	¿Qué finjo no saber de mi papel en el problema? ¿Por qué haría esto una persona razonable, racional y decente? ¿Qué debería hacer ahora mismo para avanzar hacia lo que realmente deseo?

(continúa)

Entrenamiento para conversaciones cruciales (*continuación*)

5. Definir mi camino (capítulo 7)	Comparta sus hechos. Explique su historia. Consulte el camino de los demás. Hable con prudencia. Estimule las pruebas.	¿Estoy realmente abierto a las opiniones de los otros? ¿Estoy hablando del verdadero tema? ¿Expreso con confianza mis opiniones?
6. Explorar el camino de los demás (capítulo 8)	Preguntar. Reflejar. Parafrasear. Ofrecer hipótesis.	¿Sondeo activamente las opiniones de los otros?

Principio	Habilidad	Pregunta crítica
	Afianzar el acuerdo. Buscar elementos constructivos Comparar.	¿Evito los desacuerdos innecesarios?
7. El Paso a la acción (capítulo 9)	Decida cómo decidirá. Registre sus decisiones y realice seguimiento.	¿Cómo tomaremos las decisiones? ¿Quién hará qué para cuándo? ¿Cómo realizaremos el seguimiento?

Veamos cómo funciona

Para terminar, hemos incluido un caso hipotético para mostrar qué aspecto tendrían estos principios cuando nos encontramos en medio de una conversación crucial. Representa un bosquejo de la discusión entre usted y su hermana acerca de la repartición de la herencia de su madre. El caso ha sido formulado para ilustrar dónde se aplican los principios, y para revisar brevemente cada principio a medida que asoma en la conversación.

La conversación comienza cuando usted saca a colación el tema de la casa de verano de la familia. El funeral de su madre fue hace un mes, y ahora ha llegado el momento de repartir el dinero y los recuerdos. No es algo que le parezca demasiado atractivo.

El tema se vuelve más delicado por el hecho de que usted piensa que puesto que casi se ocupó sola de su madre durante los últimos años, aquello debería compensársele. No cree que su hermana vea las cosas de la misma manera.

La conversación crucial

USTED: Tenemos que vender la casa de campo de verano. Nunca la usamos, y necesitamos el dinero para pagar los gastos que he tenido cuidando de mamá estos últimos cuatro años.

HERMANA: Por favor, no empieces con lo de la culpa. Yo te mandaba dinero todos los meses para contribuir al cuidado de mamá. Si no tuviese que viajar por trabajo, ya sabes que habría querido que estuviese en mi casa.

Usted se ha dado cuenta de que las emociones se vuelven muy intensas. Ha comenzado a adoptar una actitud a la defensiva y su hermana parece enfadada. Se trata de una conversación crucial y las cosas no pintan bien.

Empezar por el corazón

Pregúntese qué desea realmente. Quiere que le compensen por el dinero y el tiempo que usted ha invertido, cosa que su hermana no ha hecho. También desea tener una buena relación con ella. Pero no quiere optar por la Alternativa del Tonto. Entonces se pregunta: «¿Cómo puedo decirle que quiero que se me compense justamente por el esfuerzo hecho y por los gastos extraordinarios que yo cubrí y, a la vez, mantener una buena relación?»

Aprenda a observar

Se percata de que hay una falta de Objetivo Común (las dos intentan defender sus iniciativas en lugar de hablar de la herencia).

Procure seguridad

Utilice el Contraste para ayudar a su hermana a entender su objetivo.

> USTED: No quiero comenzar una discusión ni hacerte sentir culpable. Pero sí quiero que hablemos de la compensación por haber asumido la mayor parte de las responsabilidades en los últimos años. Quiero a mamá, pero para mí significó una gran presión tanto en el plano financiero como emocional.
>
> HERMANA: ¿Qué te hace pensar que hiciste mucho más que yo?

Dominar mis historias

Usted se dice a sí misma que merece más porque se llevó todo el trabajo y tuvo que cubrir gastos inesperados. Vuelva sobre su Camino a la Acción para descubrir cuáles son los hechos que le molestan en la historia que cuenta.

Definir mi Camino

Tiene que compartir sus hechos y conclusiones con su hermana de tal manera que ella se sienta segura cuando cuente su propia historia.

> USTED: Lo que sucede es que gasté mucho dinero cuidando de mamá y trabajé mucho cuidando de ella en lugar de contratar a una enfermera. Ya sé qué a ti también te importaba mamá pero, sinceramente, pienso que hice más que tú en los cuidados diarios, y parece justo utilizar algo de lo que nos dejó para pagar una parte de lo que yo gasté. ¿Tú lo ves de manera diferente? Me gustaría saber lo que piensas.
>
> HERMANA: De acuerdo, muy bien. ¿Por qué no me mandas una factura?

Parece que su hermana no se encuentra a gusto con este acuerdo. Se ve que indica tensa y que su tono señala que no quiere ceder, no es el tono de un verdadero acuerdo.

Explorar el camino de los demás

Puesto que parte de su objetivo consiste en mantener una buena relación con su hermana, es importante que ella agregue su significado al fondo. Utilice las habilidades para preguntar a fin de sondear activamente sus opiniones.

USTED: Por la manera en que lo dices parece que no estás de acuerdo con esa sugerencia. [*Refleja*] ¿Hay algo que yo haya pasado por alto? [*Pregunta*]

HERMANA: No... Si piensas que mereces más que yo, probablemente tengas razón.

USTED: ¿Crees que soy injusta? ¿Que no reconozco tu ayuda? [*Ofrecer hipótesis*]

HERMANA: Lo que pasa es que, bueno, ya sé que no estuve cerca de ella en los últimos años. He tenido que viajar mucho por cuestiones de trabajo. Pero aun así, la visitaba siempre que podía, y mandaba dinero todos los meses para contribuir a su cuidado. Te ofrecí pagarle una enfermera si pensabas que era necesario. No sabía que tú pensabas que te tocaba una parte injusta de responsabilidades y me da la impresión de que ahora que pides dinero lo haces sin una justificación.

USTED: ¿De modo que piensas que tú hacías todo lo que podías para ayudar y te sorprende que yo piense que se me debería compensar? [*Paráfrasis*]

HERMANA: Bueno, pues sí.

Explorar el camino de los demás

Ahora entiende la historia de su hermana pero, hasta cierto punto, sigue sin estar de acuerdo. Utilice las habilidades de su ABC para explicar sus diferencias de opinión. Está de acuerdo en parte con cómo su hermana ve las cosas. Utilice la construcción para destacar aquello con lo que está de acuerdo y mencionar aquello con lo que no lo está.

> USTED: Tienes razón. Hiciste mucho para ayudar y entiendo que era caro visitarla tan a menudo como lo hacías. Preferí no pagar una atención sanitaria profesional y no me importó. Además, había otros gastos de los cuales, al parecer, no estabas enterada. Los medicamentos que tomó durante los últimos dieciocho meses eran dos veces más caros que los primeros y el seguro sólo cubría un porcentaje de sus estancias en el hospital. Todo eso va sumando.

> HERMANA: Entonces; ¿son ésos los gastos que quieres recuperar? ¿Podríamos revisarlos para ver cómo hacerlo?

El Paso a la acción

Usted quiere crear un plan definido para obtener un reembolso por esos gastos, y quiere que las dos estén de acuerdo. Lleguen a un consenso sobre lo que sucederá y registren por escrito *quién* hace *qué* para *cuándo*, y acuerden una manera de *llevar a cabo un seguimiento*.

> USTED: He llevado un registro de todos los gastos que superaban la cantidad que las dos acordamos aportar. ¿Podemos sentarnos mañana para revisarlos y hablar de lo que me parece justo recuperar?

> HERMANA: De acuerdo. Hablaremos de la herencia y redactaremos un plan para dividir las cosas.

Mi conversación crucial: Andrea P.

Durante el verano de 2004, mi marido consiguió un codiciado puesto para realizar prácticas en las Naciones Unidas con sede en Ginebra, Suiza, para trabajar en las Naciones Unidas. Mientras estuvimos allí, me hice amiga de la representante en Ginebra de una organización no gubernamental (ONG) dedicada a los asuntos de las mujeres. A la sazón, mi nueva amiga estaba preparando la inminente subcomisión sobre el Fomento y Protección de los Derechos Humanos.

Convencida de la importancia de la labor de este comité, empecé a involucrarme en sus gestiones para conseguir el apoyo de las Naciones Unidas en la prevención de las violaciones de los derechos humanos de los niños. La prioridad estaba puesta en el secuestro y seguridad y, más concretamente, en la persecución por motivos religiosos, los niños soldados y la venta de niñas como esclavas sexuales. Estas prácticas aborrecibles estaban siendo prácticamente ignoradas por los funcionarios de algunos países.

A medida que el comité avanzaba en la elaboración del informe que presentarían a la subcomisión, empezó a inquietarme lo que se decía y no se decía. El presidente del comité de nuestra ONG nos pidió encarecidamente que evitáramos mencionar los nombres concretos de los países donde se estaban cometiendo tales injusticias. Siendo como era una estudiante de veintidós años, poco versada en politiquerías, pregunté: «¿Y por qué no?» Me respondió que tenían que tener sumo cuidado en no ofender a los funcionarios de determinados países que «miraban hacia otro lado» en relación a esas violaciones, por miedo a perjudicar las relaciones.

Yo estaba en un dilema; por un lado quería promover un verdadero cambio, pero por otro creía que nuestro informe tendría poco peso si nos limitábamos a hablar de vaguedades, lo que me hacía temer que perdiéramos una fantástica oportunidad en este foro. De inmediato pensé en el libro *Conversaciones Cruciales* y me maldije por no habérmelo llevado conmigo, pero ¡quién iba a saber que lo necesitaría en mi veraneo en Suiza! Por fortuna, me acordaba de lo fundamental, y recurrí a sus principios cuando expresé mi convencimiento de que era posible ser sincero y respetuoso al mismo tiempo al presentar la delicada información.

Para mi sorpresa, se me invitó a que rehiciera el informe. Estaba emocionada, aunque también aterrorizada por el posible perjuicio que podría ocasionar si no tenía sumo cuidado al dirigirme a personas de tantos países y con culturas diferentes. Dediqué casi todas las horas del día y varias noches sin dormir a tratar de realizar un retrato sincero aunque respetuoso de los problemas, haciendo públicos los hechos y centrándome en un objetivo común: los derechos humanos de los niños afectados. El comité estuvo de acuerdo en que mi versión era más directa y que pese a ello mostraba la delicadeza adecuada.

Las sorpresas no pararon ahí: diez días antes de la ponencia, el comité me pidió que ¡expusiera el informe ante el subcomité! Menudo honor y menudo susto. A pesar de que mi angustia se disparó hasta cotas desconocidas, acepté de inmediato, y dediqué los días que faltaban, con sus correspondientes noches, a preparar la intervención.

Cuando por fin me llegó el turno de presentar mi informe, estaba entusiasmada y un poco nerviosa. Después de terminar mi exposición, me pareció que muchos de los presentes estaban conmovidos, y que algunos incluso tenían lágrimas en los ojos. Otros se me acercaron a toda prisa para pedirme una copia de mi discurso para difundirlo en las redes sociales y como fuente de documentación. Al acercarse, algunos estaban conmovidos y otros tantos me dieron las gracias por plantear tan delicadas cuestiones.

La experiencia hizo que aprendiera muchas lecciones, pero por encima de todas destaca la de la importancia de darme cuenta de que es posible ser sincero y respetuoso al mismo tiempo, si se utilizan la serie adecuada de habilidades. Conocer las habilidades de Conversaciones Cruciales me ayudó a convertir mi intimidatoria experiencia en una oportunidad real de defender algo en lo que creía.

ANDREA P.

CONCLUSIÓN: NO SE TRATA DE COMUNICACIÓN, SE TRATA DE RESULTADOS

Acabemos igual que empezamos. Iniciamos este libro admitiendo que nos vimos arrastrados hacia el tema de la comunicación un tanto involuntariamente. Lo que más nos interesaba *no* era escribir un libro de comunicación, sino más bien identificar los momentos cruciales, ésos en los que las acciones de las personas inciden de manera desproporcionada en sus organizaciones, sus relaciones y sus vidas. Nuestra investigación nos llevó una y otra vez a centrarnos en los momentos en que las personas necesitaban afrontar conversaciones arriesgadas tanto desde el punto de vista emocional como político. Ésa es la razón de que termináramos denominando a esos momentos *conversaciones cruciales*. La calidad actual de su autoridad y su vida está en función de cómo manejé esos momentos.

Nuestra única motivación a la hora de escribir este libro ha sido la de ayudarle a mejorar sustancialmente los resultados que más le preocupan. Y nuestra mayor esperanza al concluirlo es que lo consiga. Actúe; identifique una conversación crucial que pueda mejorar *ya*; utilice las herramientas que le brinda este último capítulo para identificar el principio o habilidad que le ayudará a enfocarla con mayor eficacia que nunca. Y entonces, inténtelo.

Una cosa que nuestras investigaciones demuestran con claridad es que usted no necesita ser perfecto para hacer progresos. No se deje intimidar por unos avances titubeantes. Le prometemos que si persevera y trabaja en estas ideas, percibirá a una mejoría espectacular en sus resultados y relaciones. Estos momentos son realmente cruciales, y algunos cambios pueden desembocar en unos progresos considerables.

Epílogo

Lo que he aprendido sobre Conversaciones Cruciales en los diez últimos años

En este capítulo nosotros, los autores, nos desligaremos de nuestra voz colectiva y le hablaremos a título personal. Desde la primera edición de *Conversaciones Cruciales* en 2002, hemos viajado millones de kilómetros por todo el mundo y nos hemos dirigido a miles de personas para hablar de nuestras investigaciones y asesorarlas sobre estas habilidades indispensables. Huelga decir que hemos aprendido tanto como el primero de nuestras relaciones con las numerosas personas que se han esforzado en la misma medida que nosotros en convertir estas ideas en hábitos e intentado utilizarlas para enriquecer sus vidas y fortalecer sus organizaciones. En este epílogo compartiremos una o dos reflexiones sobre cómo han cambiado nuestras ideas a lo largo de la pasada década gracias a nuestras conversaciones y experiencias con los lectores como usted y también a las dificultades que hemos tenido que afrontar en nuestras vidas.

AL

Llevo años insistiendo en que las habilidades de Conversaciones Cruciales sólo son aplicables si usted vive o trabaja con o cerca de otras personas. Es ésta una declaración general que igualmente hago extensiva a mi persona. Durante estos últimos diez años, he tenido mi cuota de problemas, unos cuantos fracasos y algunos éxitos, y de todo esto he aprendido una o dos cosas. Voy a relatar algunos incidentes que me han ocurrido y las lecciones que aprendí.

1. He estado en el aeropuerto en cientos de ocasiones. Un día en particular, fui ahí para recoger a mi esposa. Tenía el plan perfecto para no pagar por el estacionamiento y si todo salía bien, entraría y saldría del estacionamiento en menos de treinta minutos. Llegué según lo previsto; me reuní y abracé a Linda; metí su equipaje en el maletero y me dirigí a toda prisa hacia la salida. Sabía que había tardado menos de treinta minutos. Entonces, el encargado del aparcamiento dijo: «Tres dólares». Le pedí que revisara el comprobante, que indicaba «29 minutos». Le señalé una y otra vez que debería salirme gratis. Para entonces mi esposa ya me estaba dando con el codo discretamente. Pedí hablar con el responsable, que dijo que el ordenador estaba en lo cierto y que el tique estaba equivocado. No me mostré muy amable. Pagué los tres dólares y me marché.

Lección: Nosotros enseñamos que «cuando más falta hace, peor lo hacemos». Pues he aprendido que, a veces, cuando apenas importa, es cuando peor lo podemos hacer. No hay un piloto automático para las conversaciones, y tenemos que estar permanentemente alerta. He practicado lo de cómo debo prestar atención a mis señales iniciales de alerta, y he aprendido que puedo detectar pronto los problemas conmigo mismo.

2. En el transcurso de los años, he descubierto que determinados tipos de conversaciones cruciales me resultan especialmente difíciles. Una de ellas es ésta: «¿Cómo puedo decir lo que pienso cuando creo que alguien se muestra reiteradamente desagradecido?» He rumiado el asunto y me he enfadado. He evitado a la persona. He tratado de dominar mi historia preguntándome: «¿Por qué una persona razonable, racional y decente actuaría de esa manera?» Al principio, no era capaz de encontrar una solución, así que seguía irritado. No podía decir lo que pensaba. Pero lo había entendido todo mal. Debería haberme preguntado: «¿Qué es lo que realmente quiero?» Haciéndome esta pregunta, descubrí que estaba contribuyendo a ayudar, no a dar las gracias. Las emociones negativas desaparecieron.

Lección: Tenemos que encontrar y hacer la pregunta adecuada para hallar la solución correcta.

3. Hace unos cuantos años una señora se me acercó después de una conferencia y me pidió que le firmara su libro. Era el libro más subrayado y con más pestañas y puntas de hojas dobladas que había visto en mi vida, y mientras lo firmaba, le comenté que parecía que lo había utilizado mucho. Reconoció que así era, y, en respuesta a mi interés, me habló de los asuntos que les había planteado a su cuñado, su jefe y personas de otros departamentos de su lugar de trabajo. Le dije que me parecía algo fantástico. «Me ha contado tantas historias excelentes que no estoy seguro de cuál es su cargo en la empresa. ¿Jefa de Recursos Humanos? ¿Directora ejecutiva?» La mujer me miró como si yo no hubiera captado la situación y entonces me dijo amablemente: «No lo ha entendido. Trabajo en tecnologías de la información. El cargo no

importa. Las conversaciones cruciales pertenecen a la primera persona que las entiende. Yo no resuelvo los problemas; sólo me aseguro de que se plantean de una manera segura.

Lección: Hay muchas personas que no paran de enseñarme nuevas lecciones sobre las conversaciones cruciales.

JOSEPH

Hace un par de semanas me enfadé con mi hijo de quince años. Ahora bien, tengo que decir que Hyrum es uno de los jóvenes más fantásticos que uno pueda conocer. Es sincero a más no poder; y es simpático, amable, inteligente y trabajador como ninguno. Me encanta este chico.

Y pese a ello, me enfurecí con él. En un momento dado me pareció grosero, frío, desagradecido y manipulador. Ésa fue mi *historia* acerca de él. Esa historia generó una emoción fuerte que amenazaba con provocar que le dijera algo hiriente. No se estaba comportando como yo quería que lo hiciera, y en la irritación del momento, tuve la certeza descabellada de que una invectiva bien intencionada podría ayudarle a reformar su vida empezando desde ese instante. De hecho, me pareció que mi deber moral como padre era ¡atacarle!

Este bochornoso momento pone de relieve una de las cosas de las que me he ido haciendo más consciente en los últimos diez años. Así es, gradualmente me he ido dando cuenta de 1) lo *acertadas* que pueden parecer las emociones durante los momentos cruciales, y 2) de lo *falsas* que realmente son. Así, he aprendido a sospechar de mis convicciones durante esos momentos de gran contenido emocional y a estar más seguro de que si utilizo las herramientas que he aprendido puedo generar una serie completamente diferente de emociones.

Lo segundo que he ido aprendiendo repetidamente es hasta qué punto tales emociones pueden viciar mi opinión de los más allegados a mí. Cuando soy presa de las Historias de Víctimas, Villanos y Desvalidos, cuando mis motivos degeneran y me dejo llevar por una necesidad desesperada de tener razón... no veo a los demás como realmente son. Incluso mi querido hijo puede parecerme en lugar de parecerme un monstruo.

Mientras mi cerebro intentaba arrancarme de la boca una frase perjudicial dirigida al corazón de mi hijo, hice lo que le he aconsejado a usted que haga en circunstancias parecidas. Me pregunté: «¿Qué es lo que verdaderamente quiero?» Puse en entredicho mi historia; me pregunté por qué una persona razonable, racional y decente haría lo que había hecho Hyrum. En cuestión de segundos, empecé a sentir que los músculos de mi pecho se relajaban, que mis hombros descendían cinco centímetros, que mis manos aflojaban la presión. Pero lo más importante de todo: mi corazón también lo hizo.

Mientras esto se iba produciendo, Hyrum se fue transformando literalmente delante de mí. Ya no era un monstruo; era un chico encantador, precioso y vulnerable. Mientras que un momento antes estaba absolutamente convencido de que mi opinión sobre él era justa y acertada, ahora tenía otra completamente distinta que parecía aun más justa y acertada.

Nuestras emociones son increíblemente maleables. En los momentos cruciales casi siempre son erróneas. Con la práctica, podemos adquirir un poder increíble para cambiarlas. Y mientras lo hacemos, no sólo aprendemos a cambiar la manera que tenemos de ver a los que nos rodean, sino que aprendemos a cambiar también nuestras propias vidas.

KERRY

Después de un decenio de hablar con personas que han leído *Conversaciones Cruciales*, no deja de sorprenderme la cantidad de ellas que afirman que el libro les ha sido de una inmensa ayuda; y sin embargo, cuando les pregunto por la parte en concreto que más les ha ayudado, me confiesan entre balbuceos que realmente no han leído el libro entero. Y cuando insisto, muchos admiten que ni siquiera han leído la mayor parte del libro —bueno, sólo lo han *hojeado*—, pero que, sea como fuere, el título, la portada, los epígrafes y las primeras páginas les han sido de gran valor. Y no están bromeando. Un rápido vistazo les ha ayudado tremendamente.

¿Y esto cómo puede ser? Cuando me pongo más insistente, me entero de que la simple idea —la de que algunas conversaciones son tan importantes que merecen un nombre y un tratamiento especiales— les recuerda que cuando abordan conversaciones en las que están en juego importantes factores, deben tener cuidado. Que en lugar de amedrentarse o permitiendo que degeneren hasta mostrar la peor versión de si mismos, deber poner en juego sus mejores habilidades para manejar el diálogo.

No es que los lectores medios carezcan de las habilidades para manejar la conversación. No fueron criados por lobos. Cuando una discusión se desvía del tema, pueden prestar más atención. Eso es lo que consiguen. Pueden ser considerados y agradables, y con toda certeza son capaces de evitar las groserías y las acusaciones lacónicas. Todo lo cual, por supuesto, forma parte de su actual conjunto de habilidades.

Esto significa que los lectores no necesitan estudiar todos los conceptos y habilidades contenidas en este libro antes de arriesgarse a decir lo que piensan. Muchos ya están provistos de las habilidades para manejar el diálogo; y ahora, tras una breve exposición al libro, estarán aun mejor preparados. Y, de manera más específica, con que simplemente se percaten de cuándo están iniciando una conversación crucial y hagan todo lo que esté en sus manos para evitar transmutarse en trogloditas, tendrán muchas más probabilidades de salir airosos.

La razón de que esta respuesta me parezca tan reconfortante se debe a toda la esperanza que aporta. Usted no tiene que leer hasta la última sílaba contenida en este libro, abocarse a un intenso entrenamiento de meses y luego aparecer con el conjunto mínimo de habilidades para sobrevivir a una conversación crucial. Cuando se trata de los factores importantes y las conversaciones emocionales, no hay que planteárselo como un todo o nada.

A algunos lectores, un simple aviso de que han pasado de una discusión informal a una conversación crucial ya les ayuda a comportarse lo mejor que saben. Otros, ante la idea de que pueden verse atrapados en el silencio o la violencia, entienden que disculparse y empezar de nuevo les ayuda a retomar el camino, aun cuando hayan empezado con mal pie. Algunos han descubierto que restablecer la seguridad impregna ya todas sus relaciones. Aun los hay que encuentran valioso no contar historias desagradables.

Como es natural, aprender y aplicar más habilidades para manejar la comunicación nos prepara mejor para afrontar una diversidad de situaciones. Sin embargo, si usted quiere empezar con las conversaciones cruciales, tome al menos una idea de este libro y llévela a su siguiente relación de importancia. Tal vez sea lo que necesita para encontrar la manera de decir lo que piensa y crear un entorno seguro para que los demás hagan lo propio.

RON

Estoy sorprendido por el poderoso impacto positivo que los principios y habilidades de Conversaciones Cruciales han tenido sobre las vidas de los «resultados y personas» de las organizaciones en estos últimos diez años. Tenemos una maravillosa colección de historias personales, casos reales de empresa y estudios de investigación que demuestran la eficacia de estas habilidades. Mi confianza en su poder y utilidad es incontenible. Pero, a menudo, me viene a la cabeza una lección que me baja los humos y me modera:

Si hace todo lo que le decimos que haga en este libro, de la manera exacta en que le decimos que lo haga, y la otra persona no quiere dialogar, el diálogo no se producirá.

La otra persona tiene la potestad para decidir cómo reaccionar a sus intentos. Estas habilidades no son unas técnicas para controlar a los demás; tampoco son herramientas para manipular la conducta o eliminar el libre albedrío de los otros. Estas habilidades tienen límites y no garantizan que las demás personas vayan a comportarse de la manera exacta que usted desea.

Ahora bien, antes de que nos exija que le devolvamos el dinero que ha pagado por el libro, piense en otra lección que he aprendido. El título del libro es *Conversaciones Cruciales*; «conversaciones» es un plural, lo que significa muchas, no una. La tentación consiste en considerar una conversación crucial como «mi única oportunidad de resolver este problema», o «la única conversación que necesito para salvar una relación», o bien como «la única oportunidad de hacerlo todo bien».

¿Qué pasa si, por ejemplo, consideramos esa conversación crucial de manera aislada como el principio del diálogo, el primer paso hacia la transformación de una relación negativa en positiva, el primero de los muchos pasos necesarios para corregir un error? ¿Y si buscamos tener no sólo una conversación que se base en el Objetivo Común y el Respeto Mutuo, sino más bien una relación basada en esos requisitos? Ver estos principios y habilidades como una manera de edificar relaciones, equipos y familias a lo largo del tiempo es adoptar una perspectiva a largo plazo. La utilización más inteligente de estas habilidades consiste en fomentar hábitos, vidas y amores, no en utilizarlas sólo ocasionalmente en las relaciones aisladas.

Hace años, me sentí seriamente preocupado por una de mis hijas adolescentes. Siempre había sido una estudiante de calificaciones sobresaliente, pero de pronto sus notas cayeron en picado y empezó a traer aprobados raspados. Dejó de cuidar su aspecto personal. Y a aprobar con lo justo del colegio, en lugar de andar con sus amigas, se quedaba a solas en su habitación. Sabía que algo no iba bien.

Mis reiterados intentos de utilizar mis mejores habilidades para hacerla hablar fueron rechazados con un silencio glacial o malhumorados monosílabos. Y cuando ella iniciaba una conversación, era sólo para quejarse o hacer un comentario sarcástico.

Sería fácil considerar mis conversaciones cruciales con mi hija como fracasos; ni una sola vez logré establecer un diálogo con ella ni resolver problema alguno. Y, sin embargo, los principios aplicados sistemáticamente pueden tener a la larga una gran influencia. Cada intento sincero por mi parte creaba un entorno seguro para ella Cada vez que yo contestaba con respeto a sus comentarios sarcásticos, la seguridad se veía fortalecida. A cada ocasión en que dejaba de insistir antes de que ella se sintiera desbordada, demostraba que respetaba su intimidad. Y cuando le hacía partícipe de mis buenas intenciones y le ofrecía ayuda, sus historias negativas se suavizaban.

Entonces llegó el momento memorable. Después de varias semanas de pacientes intentos, cuando se sintió lo bastante segura, se acercó a mí, me contó su problema y me pidió ayuda. Nuestra conversación generó comprensión y alternativas, y le proporcionó la determinación para emprenderlas.

Si utiliza estas habilidades de la manera exacta que le decimos y la otra persona no quiere dialogar, no conseguirá dialogar. Ahora bien, si persevera, negándose a sentirse ofendido, haciendo sincera su motivación, mostrando respeto y buscando sistemáticamente el Objetivo Común, *entonces, con el tiempo, la otra persona casi siempre se unirá a usted en el diálogo.*

 Lo que hemos aprendido en los últimos diez años

Vea a los cuatro autores hablando de estas ideas en la Red.

Para ver este vídeo, visite www.CrucialConversations.com/exclusive.

Notas

CAPÍTULO 1

1. Notarius, Clifford y Howard Markman, *We Can work It Out: Making Sense of Marital Conflict*, G.P. Putnam's Sons, Nueva York, 1993, pp. 20-22, 37-38.

2. Ornish, Dean, *Love and Survival: The Healing Power of Intimacy*, HarperCollins Publishers, Nueva York, 1998, p. 63.

3. Ibídem, pp. 54-56.

CAPÍTULO 2

1. Crowley, Cathleen F., y Eric Nalder, «Within health care hides massive, avoidable death toll», *Hearst Newspapers*, 10 de agosto de 2009.

CAPÍTULO 6

1. The Arbinger Institute, *Leadership and Self-deception: Getting out of the Box*, Berret-Koehler, San Francisco, junio de 2000, p. 72-74. Hay traducción al castellano: *La caja: Una entretenida historia sobre cómo multiplicar nuestra productividad*, Empresa Activa, Barcelona, 2001.)

Sobre los autores

Este multigalardonado equipo de autores ha publicado cuatro libros incluidos en las listas de éxitos de venta del *New York Times*:

Conversaciones cruciales: Claves para el éxito cuando la situación es crítica (2002), *Confrontaciones cruciales: Herramientas para resolver promesas rotas, expectativas incumplidas y comportamientos indeseables* (2005), *Influencer: The Power to Change Anything* (2008) y *Change Anything: The New Science of Personal Success* (2011). También son cofundadores de VitalSmarts, una organización innovadora en la formación corporativa y el rendimiento empresarial.

Kerry Patterson es autor de programas de formación que han sido galardonados y ha dirigido diversos programas de cambio a largo plazo. En 2004 recibió el prestigioso premio BYU Marriott School of Management Dyer Award por su destacada contribución en cuestiones de comportamiento organizacional. Ha terminado su tesis doctoral en la Universidad de Stanford.

Joseph Grenny es un aclamado conferenciante y consultor que ha diseñado e implementado importantes iniciativas empresariales innovadoras durante los últimos treinta años. También es cofundador de Unitus, una organización sin fines de lucro que ayuda a los pobres del mundo a alcanzar la independencia económica.

Ron McMillan es un prestigioso ponente y consultor. Es cofundador del Covey Leadership Center, donde ha desempeñado el cargo de vicepresidente de investigación y desarrollo. Ha trabajado con dirigentes de todo tipo, desde altos directivos hasta ejecutivos de empresas incluidas en la lista de Fortune 500.

Al Switzler es un consultor y ponente de gran renombre que ha dirigido iniciativas de formación y gestión con docenas de empresas de la lista de Fortune 500 en todo el mundo. Actualmente, trabaja en el equipo docente del Centro de Desarrollo Ejecutivo de la Universidad de Michigan.

Acerca de VitalSmarts

Innovadora organización en la formación y capacitación de personal directivo, VitalSmarts combina tres décadas de investigación pionera con cincuenta años del mejor pensamiento científico social con el objeto de ayudar a las organizaciones a alcanzar nuevos niveles de eficacia. Particularmente, nos centramos en la conducta humana, esto es, en las normas fundamentales escritas y no escritas que conforman lo que los empleados hacen a diario y crean el sistema operativo cultural en el que se basa el funcionamiento de una organización.

La labor de VitalSmarts en el seno de algunas de las principales empresas del mundo nos ha llevado a identificar cuatro series de habilidades que están presentes en las de mayor éxito. Cuando se combinan, estas habilidades de gran poder multiplicador crean unas culturas empresariales sanas que estimulan la perfección en la ejecución y la innovación sistemática. Tales series de habilidades son enseñadas en nuestros galardonados programas de formación, así como en los libros de los mismos títulos, *Conversaciones Cruciales, Confrontaciones Cruciales, Influencer y Change Anything*, todos ellos incluidos en las listas de éxitos de venta del *New York Times*.

VitalSmarts ha formando a más de un millón de personas en todo el mundo y ayudado a más de 300 empresas de las incluidas en la lista de Fortune 500 con notables resultados utilizando este método de eficacia probada para impulsar un cambio rápido, sostenible y tangible en las conductas. VitalSmarts está considerada por la revista *Inc.* una de las empresas de mayor crecimiento en Estados Unidos durante ocho años seguidos.

www.vitalsmarts.com

Visítenos en la web: www.empresaactiva.com